Eine lange Nacht in Ägypten von Penelope Lively, Christa Wolf in Santa Monica, Siegfried Lenz am Balaton, Binnie Kirshenbaum in Rumänien, Herbert Rosendorfer in Rom. Die Welt ist groß und klein zugleich in diesen Geschichten. Sie zeigen, warum wir hinauswollen – und doch zusammengehören. Auch Männer und Frauen, wenn auch nicht unter allen Bedingungen, wie u. a. Ingeborg Bachmann, Doris Lessing, Christine Nöstlinger und Joseph von Westphalen wissen. – Siebzehn Geschichten von Autorinnen und Autoren, die sich im Leben und in der Welt auskennen.

# Das neue Großdruck-Lesebuch

Zusammengestellt von
Helga Dick und Lutz-W. Wolff

Deutscher
Taschenbuch
Verlag

Von den Autoren dieses Bandes sind in der Reihe
dtv großdruck erschienen:
Heinrich Böll: Die verlorene Ehre der Katharina Blum (25001)
Max von der Grün: Späte Liebe (25061)
Siegfried Lenz: Deutschstunde (25057)
Isabella Nadolny: Seehamer Tagebuch (2580)
   Ein Baum wächst übers Dach (25058)
   Providence und zurück (25074)
   Durch fremde Fenster (25118)
Christine Nöstlinger: Haushaltsschnecken leben länger (25030)
   Werter Nachwuchs (25076)
Herbert Rosendorfer: Briefe in die chinesische Vergangenheit
   (25044)

Originalausgabe
Oktober 1996
Deutscher Taschenbuch Verlag GmbH & Co. KG,
München
Alle Rechte vorbehalten
(Siehe auch Quellenhinweise S. 279ff.)
Umschlaggestaltung: Yvonne Linden
Umschlagbild: Walasse Ting
Gesetzt aus der Stempel Garamond 12/14 (Winword)
Gedruckt auf säurefreiem, chlorfrei gebleichtem Papier
Gesamtherstellung: C. H. Beck'sche Buchdruckerei,
Nördlingen
Printed in Germany · ISBN 3-423-25117-4

# Inhalt

# Die Wellen des Balaton

Auch das Bad im Balaton erfrischt ihn nicht. Er krümmt den Körper, taucht bis zum Hals hinab, schließt die Augen vor dem Glitzern der bewegten Einöde. Der See ist zu flach, Judith, sagt er, das Wasser erwärmt sich zu schnell. Die kleine Frau mit den Sommersprossen stößt sich vom sandigen Grund ab, schnellt bis zur Hüfte empor, wieder und wieder, und schmettert ihre Handteller auf das Wasser, so daß die Spritzer flach zu ihm hinspringen. Es sind wieder zwei Busse angekommen, sagt sie, vielleicht sind sie es – siehst du, Berti? Der Mann richtet sich auf, blickt zu dem neuen, weißgrauen Hotel zwischen den alten Bäumen hinüber und entscheidet: Keine deutschen, Judith, es sind keine deutschen Busse.

Als er, noch in nasser, blasenwerfender Badehose, den Gepäckraum seines Autos öffnet, geht der Hotelmanager vorbei, ein untersetzter Mann mit blauschwarzem Haar, leise vor sich hinsprechend, in gezischten Worten, die wie das immer schwächer werdende Echo einer Auseinandersetzung klingen. Der Manager ist schon vorüber, da merkt er, daß er den westdeutschen Gast in der

Badehose gesehen hat, und er kehrt in knappem Bogen zu ihm zurück und bietet ihm seine Hilfe an. Gemeinsam tragen sie Badetücher, aufblasbare Gummimatratzen, schwere Bademäntel, Kork-Badeschuhe, ein Reise-Necessaire, eine Leder-tasche und einige Illustrierte zum Seeufer hinunter, in den Halbschatten eines alten Baumes, dessen freigewaschene Wurzeln wie eßbar aussehen. Es scheint, sagt der Hotelmanager, heite der Balaton will vorzeigen ganze Schenheit. Rauchen Sie, fragt der Gast.

Rauchend, ausgestreckt auf der Gummimatrat-ze, sieht er seiner Frau entgegen, die sich schie-bend, drehend gegen den Widerstand des Wassers zum Ufer hinarbeitet, eine blitzende Bugwelle vor dem fettlosen Bauch. Der nahe Ufersaum blendet ihn, die ferne Küste hinter dem künstli-chen Bootshafen ertrinkt in blassem Karpfenblau. Bevor die Frau aus dem Wasser steigt, schiebt sie zwei Finger unter den Gummizug ihrer Badehose und zieht mechanisch den Stoff nach unten, tie-fer über die Schenkel. Nur zwei österreichische Busse, sagt er, während sie sich unter dem see-grünen Frottiermantel aus dem Badeanzug pellt, zuerst das Oberteil auseinanderhakt, dann die Hose ringelnd nach unten abstreift und sie mit dem Fuß in den Sand wischt. Bei dieser Strecke, sagt sie, ganz von Stralsund hierher, da kann niemand pünktlich ankommen. Er hält ihr eine angeraucht Zigarette hin. Er sagt: Es geht alles von unserer Zeit ab; statt drei Tage können wir jetzt nur noch gut zweieinhalb Tage miteinander sprechen.

Der Mann blättert in einer Illustrierten, überschlägt mit lauschend erhobenem Kopf einige Seiten; er lauscht zur vielbefahrenen, von den Bäumen abgeschirmten Uferstraße hinüber; dort ist eine Steigung, dort müssen fast alle Fahrer schalten. Er fragt gereizt: Riechst du es auch? Es ist das hiesige Benzin, so mies wie ihre Streichhölzer. Sag bloß, du riechst es nicht. Weißt du, was mir der Mann an der Tankstelle sagte, als ich ihn auf die niedrige Oktanzahl hinwies? Er sagte: Eine Oktanzahl wie bei euch werden wir erst unter dem Kommunismus anbieten können. Versuch das mal zu verstehen, Judith.

Trotz der Badekappe ist der Saum ihres Haars naß geworden; vor dem ovalen Handspiegel versucht sie es seufzend zu legen, zu bändigen, in die gewohnte Form zu zwingen, die Füße im warmen Sand vergraben.

Wie ungeduldig er plötzlich die Ledertasche öffnet, kramt, sichtet, eine Schachtel heraushebt, die gefüllt ist mit Photographien von unterschiedlicher Größe. Er will sie nicht ansehen, er will sich nur vergewissern, daß auch die eingepackt worden sind, auf die er besonderen Wert legt. Da ist ein Photo mit aufgebogenen Ecken, offenbar aus einem Album gelöst, alles in bräunlichem Licht: Sieh mal hier, Judith, hier hast du Trudi und mich auf einem sogenannten Holländer, sie muß etwa sieben gewesen sein damals: hat sie nicht ein altes, wissendes Gesicht? Ich nehme an, sie wird kaum anders aussehen, jetzt mit Vierzig.

Sie verkantet den Handspiegel, sucht nicht mehr sich selbst, sondern beobachtet nur noch das Paar an ihrem Wagen, das sich jetzt zunickt, eine Bestätigung gefunden zu haben scheint. Judith erkennt, daß sie selbst erkannt worden ist, von einer hochbeinigen Frau mit tiefen, mißbilligenden Stirnfalten, die ihren Begleiter, einen schlaff wirkenden Mann im Polohemd, zum Seeufer mitzuziehen versucht. Widerwillig fügt er sich ihrem Drängen, hält sich hinter ihr bereit, ihr das erste Wort zu lassen. Jetzt läßt Judith den Spiegel sinken, wendet sich dem aufgestützt liegenden Mann zu und sagt hastig: Besuch, Berti; ich fürchte, wir bekommen Besuch. Und nachdem der Mann sich mit Verzögerung umgedreht hat: Das kann ja wohl nicht wahr sein, Berti, weißt du, wer da kommt? Der »innere Rhythmus« persönlich. – Frau Schuster-Pirchala, meine Masseuse aus Bremen. Laß sie doch kommen, sagt Berti.

Nach der Begrüßung – Judith nennt ihren Mann ohne Hemmung Doktor Thape –, die anscheinend deshalb so familiär gerät, weil man sich im Ausland begegnet ist, ziehen sie von der Lagerstelle an einen grünen Gartentisch um, von dem die Lackfarbe, die sich in Streifen aufwirft, allmählich abplatzt. Hier sitzt es sich doch gemütlicher, sagt Judith, und vielleicht haben wir sogar die Chance, einen Kaffee zu bekommen. Frau Schuster-Pirchala, in eigentümlich gelassenem Abwehrkampf gegen Insekten – »die bevorzugen mich wegen meines süßen Blutes« –, lächelt skeptisch, sie ist jetzt drei Wochen in diesem Land gewesen, sie weiß, daß nicht einmal zornige Erwartung einen Kellner hier dazu bringt, mehr Wünsche zu beachten, als er gerade erfüllen möchte. Wir sind auf der Heimreise, sagt sie, und sagt: Mein Mann hat sich einen Jugendtraum erfüllt; am Ende hat er doch noch die wilden Pferde der Puszta gesehen, nicht wahr, Erich?

Wenn sie nur Farbe hätten, sagt Berti, zieht dem Tisch geschrumpelte Lackstreifen ab und schnippt sie ins Wasser. Ich meine, sagt er, wieviel ließe sich unter Farbe verbergen, aber hier hat man sich wohl ein für allemal für grau entschieden. Er beugt sich vor, um das Nummernschild eines Busses zu erkennen, der knirschend auf dem Kieselsplitt des Parkplatzes manövriert. Sind sie es, fragt Judith, und er darauf: Wieder ein »A«, und nach einer Weile, beiläufig, als glaubte er den Landsleuten eine Erklärung schuldig zu sein: Uns steht nämlich ein Wiedersehen bevor – mit meiner Schwester und ihrem Mann. Weil es nicht anders ging, haben wir uns hier am Ufer des Balaton verabredet. Sie kommen mit dem Bus aus Stralsund. Ist das nicht DDR, fragt Frau Schuster-Pirchala und winkt erfolgreich einen vorbeihastenden Kellner heran, der auch gern bereit ist, Kaffee zu servieren, wenn auch nicht hier am Wasser, sondern nur, wie er sagt, »auf Terrasse an der Sonne«. Die Masseuse und ihr Mann fühlen sich auf den Kaffee angewiesen, sie verabschieden sich, man wird sich gewiß beim Abendessen sehen; dann gehen sie hintereinander die leichte, leichtgesprenkelte Erhebung zum Hotel hinauf.

Wieder auf der Luftmatratze, hebt Judith die Schachtel mit den Photographien zu sich hinüber, stürzt einzelne, mit Gummibändern zusammengehaltene Päckchen heraus. Vorsicht, sagt Berti, bring sie mir nicht durcheinander. Sie löst das Gummiband von einer Serie, läßt die Photographien wie Spielkarten durch die Hände gleiten, sieht sich fest, schiebt die Bilder mit dem Daumen weiter, blättert überraschend zurück. Es wird mir schwerfallen, Trudi zu duzen, sagt die Frau plötzlich; im Brief ist es eher möglich, aber wenn sie erst vor mir steht ... und noch schwieriger wird es bei Reimund – von ihm weiß ich nur, daß er Schiffsausrüster ist und seinen Namen in ziemlich steiler, sparsamer Schrift schreibt. Du wirst sehen, sagt Berti, er ist ein Prachtbursche; schließlich hat meine Schwester seinetwegen das Studium aufgegeben und ist Kindergärtnerin geworden. Aber warum hat er in all den Jahren nie mehr in einem Brief geschrieben als seinen Namen, fragt die Frau leise und steckt ein Sortiment von Bildern zusammen, sorgfältig, als könnte ein Vergleich ihr den benötigten Aufschluß bringen. Sie vergleicht die Photographien, deckt da etwas ab, schiebt da etwas zusammen, und dann fragt sie: Ist dir schon aufgefallen, daß Trudi auf keinem der Bilder lächelt, die sie uns in all den Jahren geschickt hat? Muß sie das denn, fragt der Mann, und die Frau darauf, in aufzählender Tonart: Hier im Garten nicht; hier vor dem Leuchtturm nicht – ich nehme an, das ist ein Leuchtturm mit dieser grünen Mütze –, nicht mal hier an Bord des Dampfers, den Reimund vermutlich ausgerüstet hat. Ich weiß nicht, Berti, aber ich hab' das Gefühl, verwandte Fremde zu treffen. Ihr entgeht nicht die immer gleiche, unbestimmbare Schmerzlichkeit in Trudis Gesicht, der leichte Ausdruck von Abwehr, den sie für jeden Photographen bereithält. Der Mann schlägt eine Illustrierte zu, klopft eine Zigarette auf der Packung zurecht, grinst für sich und sagt: Vielleicht wirst du gleich feststellen, daß Reimund keinen

Schlips besitzt, da er auf allen Photographien ohne Schlips abgebildet ist. Wenn du mir schon so kommst, sagt Judith – ich finde, daß der Mann deiner Schwester auf allen Bildern verkleidet aussieht: ein Intellektueller, der unter die Proleten gefallen ist und versucht, sich ihrer Mode anzugleichen. Hör doch auf damit, sagt Dr. Thape, ich möchte viel lieber wissen, was auf den Gedenksteinen vor all diesen Bäumen steht, den frisch gepflanzten, meine ich. Das kann ich dir sagen, Berti, es sind die Namen, die Berufe und Verdienste der Leute, die man gebeten hat, diese Bäume zu pflanzen: Dichter, Kosmonauten, durchreisende Mitglieder eines Politbüros. Kein Kollege von dir, kein Patentanwalt.

Ein altmodischer Ausflugsdampfer, übersät mit verwaschenen Rostflecken, dreht von der Pier ab und verabschiedet sich mit reichlich wichtigtuerischen Signalen aus seiner neben dem Schornstein liegenden Sirene.

Judith erschrickt, als die Kapelle zu spielen beginnt. Dort hinter den Bäumen, in der hölzernen Orchestermuschel, haben die Musiker Platz genommen und spielen zum »Tanz im Freien«. Sie eröffnen mit ›Blue Moon‹. Sittsam schieben die Paare über die runde, hölzerne Tanzfläche. Die Männer, sagt Judith, sie dir die Männer an: alle mit Schillerkragen wie dein Schwager Reimund. Was meinst du, ob er auch tanzt? Herrgottnochmal, Judith, woher soll ich das wissen: ich kenne ihn ebenso gut wie du, nämlich von seiner Unterschrift und dem immer gleichen Schnörkel, in den er seinen Namen auslaufen läßt. Außerdem sind wir ja nicht hierher gefahren, um miteinander zu tanzen. Und gereizt sagt der Mann: Du wirst sehen, der erste Tag geht vorbei, ohne daß wir miteinander gesprochen haben. Dann bleiben uns nur noch zwei Tage, denn am Montagabend ... Mußt du in Wien sein, setzt Judith den Satz fort. Nach dreizehn Jahren, sagt der Mann, da hat sich genug angestaut, was wegerzählt werden muß.

Obwohl sie hier gern noch liegen bleiben möchte im wandernden Schatten des alten Baumes, hilft sie ihm dann doch, die gesamte Badeausrüstung zum Auto zu tragen, und begleitet ihn ins Hotel zu dem weiträumigen, kostbar möblierten Empfang. Mädchen in knapp geschnittenen blauen Uniformen, nicht nur nach Sprachkenntnissen und Schönheit, sondern offenbar auch nach besonders eindrucksvoller Lethargie der Bewegungen ausgesucht, beraten längere Zeit blickweis, welche von ihnen dem westdeutschen Gast zu dieser Zeit eine Auskunft geben sollte. Hören Sie, sagt Dr. Thape, ich möchte Sie um etwas bitten: falls der Bus aus Stralsund eintrifft, würden Sie uns dann freundlicherweise eine Nachricht geben; wir sind jetzt auf unserem

Zimmer. Das Mädchen nickt bedächtig. Schon auf der Treppe, sagt Judith: Ist dir klar, daß sie uns überhaupt nicht nach der Zimmernummer gefragt hat?

Die Frau spült und wringt die Badeanzüge aus und hängt sie unter dem Fenster zum Trocknen auf und setzt sich so, daß sie den kleinen, belebten Hafen überblickt, während der Mann einen Polsterstuhl ruckend in die Stellung bringt, aus der er ein Stück der Uferstraße – nur als grauschwarzes, blinkendes Band erkennbar – und die Auffahrt zum Hotel beobachten kann. Er blättert abermals die Illustrierte durch, heftig, unkonzentriert, mit einer reißenden Bewegung, daß es jedesmal ein Geräusch gibt wie von einem schwachen, aber immer noch genauen Peitschenschlag. Unter einem wachsenden Druck, den er selbst noch nicht benennen möchte, hat er für alles nur Vorwurf übrig, oder doch vorwurfsvolle Nachfrage. Was machst du da eigentlich, fragt er, obwohl die Frau sich beinahe regungslos und vollkommen lautlos verhält. Ich wundere mich über Trudi, sagt Judith, wenn sie den Kopf nur etwas schräg legte, dann wäre die vernarbte Wange nicht zu sehen. Trudi aber scheint darauf zu bestehen, sie dem Photographen zu zeigen, und zwar jedesmal. So ist Trudi eben, sagt der Mann, sie möchte keinen im Zweifel lassen über sich. Was meinst du, mit welchen Worten sie uns zum

ersten Mal von Reimund erzählte? Es war wenige
Tage, bevor ich fortging; Mutter lebte noch; wir
saßen und hörten Radio, weil Mutter so gern
Radio hörte, Volkslieder aus dem Osten vor allem; da kam Trudi nach Hause, sehr spät für
ihre Verhältnisse. Sie hatte Reimund kennengelernt. Sie sagte etwa: Entschuldigung, daß ich
so spät komme, ich habe einen Mann namens
Reimund Wolters kennengelernt, er hat zweieinhalb Jahre gesessen wegen bedenkenloser Vergeu-
dung volkseigener Schiffsausrüstungsbestände,
inzwischen wurde er rehabilitiert: ein Mann, mit
dem man reden kann. Komisch, sagt Judith, auf
den Bildern macht er ganz und gar nicht den Eindruck, als ob man mit ihm reden könnte. Sie dir
nur an, wie düster dein Schwager hier aussieht,
wie schweigsam und verkniffen – hier, am Gar-
tenzaun –, und dazu die zusammengewachsenen
Augenbrauen ... Nun mach aber mal Pause,
Judith; was meinst du, zu welchen Ansichten ich
über dich kommen müßte, wenn es von dir nur
die Photos gäbe, die du erst gar nicht entwickeln
läßt. Jedenfalls, sagt die Frau, würdest du von mir
nicht sagen können, daß ich aussähe wie eine
Kommunistin. Sieht er denn etwa so aus, fragt
der Mann, und dann fast anklägerisch: Wie sieht
denn überhaupt ein Kommunist aus? Falls du das
weißt, dann bist du wirklich die einzige, die das
weiß.

Knapp aus dem Handgelenk feuert er die Illustrierten fort; sie rutschen über den Tisch und fallen zu Boden. Komm, Judith, laß uns etwas trinken. Sie gehen ins Restaurant hinunter, es zieht sie zu den schweren Blumenkübeln neben einer Säule, ein junger Kellner folgt ihnen träge, und kaum haben sie sich gesetzt, da fragt er in vertrauensvollem Ton, offenbar bemüht, frische Erfahrungen auszuspielen: Whisky? Zwei Whisky, die Herrschaften? Dr. Thape bestellt eine Flasche Wein; er fügt hinzu: Von dem, der hier am nächsten wächst. Da, Berti, sieh mal! Was denn nun schon wieder? Der »innere Rhythmus«, und wie er sich verkleidet hat! Frau Schuster-Pirchala und ihr Mann betreten das Restaurant, sie in einem rosafarbenen Abendanzug mit einem Gürtel, aus übereinanderliegenden goldenen Blättern; ihr Mann, einen Kopf kleiner, trägt zu weißen Hosen ein weinrotes Klubjackett, dem in der Herzgegend ein kolossales Wappen aufgestickt ist. Hoffentlich entdecken sie uns nicht, sagt Judith; da ist es schon geschehen, da wedelt die Masseuse ein freudiges Erkennungszeichen herüber, stupst ihren gleichgültigen Mann an und befiehlt die Richtung: dorthin, zu den Blumenkübeln. Ich hoffe, Sie haben nichts dagegen, wenn wir uns zu Ihnen setzen.

Herr Schuster oder Pirchala blickt so konzentriert in sein Weinglas, als habe er da etwas zu erforschen, was seine ganze Aufmerksamkeit beansprucht, und er tut es auf beinah leidende Art immer dann, wenn die drei musizierenden Zigeuner wieder mal an ihren Tisch herantreten. Die Masseuse lächelt ihnen zu, sie steckt dem Geiger einen lappigen Geldschein unter die Schärpe und darf sich einen Titel wünschen. Diese Leute, Herr Doktor, sagt sie später, haben alle ihren inneren Rhythmus bewahrt, und das ist es, worauf es ankommt; deshalb können sie sogar dem Kommunismus Heiterkeit abtrotzen. Sie blickt unmutsvoll auf ihren Mann, der zusammengesunken in schlechter Haltung dasitzt; das Wappen erinnert Judith an die Markierungssprache von Jägern: hier liegt die günstigste Stelle für einen Blattschuß. Erich richtet sich auf, drückt das Kreuz durch und lächelt resigniert; gleich wird sie ihn auffordern, über den inneren Rhythmus der Männer zu sprechen, die sich um die wilden Pferde der Pußta kümmern und mit denen sie am Feuer saßen und sangen und Kaffee tranken. Plötzlich springt Dr. Thape auf und ruft: Das müssen sie sein, Judith, das sind sie!

Der Mann läuft mit schwingenden Schultern auf die Eingangstür zu, wo sich ein Pulk neuer Gäste staut, rötliche, ermüdete Gesichter, die skeptisch und neugierig zugleich das Restaurant begutachten – eine Umgebung, zu der man verurteilt worden ist, in der man sich wird einrichten müssen; und wie lange sie zögern und es einfach nicht wagen, sich allein an einen der freien Tische zu setzen, obwohl da kein Oberkellner und kein Reiseleiter auftaucht, der ihnen sagt, wo sie Platz nehmen sollen! Da sind sie, sagt Judith leise, meine Schwägerin und ihr Mann. Und die Masseuse darauf: Wie lange haben Sie sich nicht mehr gesehen, Frau Thape? Nie, wir haben uns noch nie gesehen, nur auf Photographien; es ist das erste Mal. Dort die Dame mit dem unzeitgemäßen Hut, fragt Frau Schuster-Pirchala. Neben dem Mann mit dem Schillerkragen, bestätigt Judith.

Dr. Thape umarmt freimütig und etwas ringerhaft seine Schwester – gerade so, als wollte er an ihr einen Ausheber probieren –, umarmt dann achtsamer seinen Schwager, der leicht zu versteifen scheint, doch mit gutmütigem Lächeln sagen möchte: Wenn's sein muß; hoffentlich geht's gut.

Am Tisch erwartet Judith stehend die Verwandten; zur Begrüßung nimmt sie beide Hände Trudis und streift leicht ihre Wange; Reimund im Schillerkragen erhält einen kraftlosen Händedruck. Und das hier, sagt Judith süßsauer, sind gute Bekannte aus Bremen, die wir hier zufällig getroffen haben, Herr und Frau Schuster-Pirchala. Man schüttelt sich über dem Tisch die

Hände. Ja, wie machen wir das nun, sagt Dr. Thape in der Hoffnung, die Bremer Bekannten würden sich in innerem Rhythmus verabschieden, hier gibt es nur fünf Stühle. Nehmen Sie doch einen vom Nebentisch, sagt die Masseuse und widmet Reimund, durch nichts begründet, ihr offenherzigstes Lächeln. Sie werden Durst haben, sagt Judith, sie werden Hunger haben; sie werden erschöpft sein nach so langer Fahrt; du mußt gleich für sie sorgen, Berti. Es geht schon, sagt Trudi, nur ein bißchen heiß war es zuletzt. Trudi setzt den Hut ab, schüttelt das Haar aus, zieht den verknitterten Rock über die Knie und winkt knapp einem älteren Ehepaar zu, Mitreisenden offenbar. Tja, sagt sie, da wären wir also; etwas spät, aber das liegt nicht an uns. Was glaubst du, Reimund, fragt Dr. Thape, was wäre das beste für den ersten Durst? Bei uns steht das fest, sagt Reimund: Trudi ein Bier, ich zwei Bier – so einfach ist das. Er mustert die fremde Frau, ihren Goldblattgürtel, die goldfadendurchwirkte Tasche; er spürt, daß sie sich mit ihrem Lächeln das Recht zu einer Frage erkaufen möchte, und um ihr zuvorzukommen, fragt er: Bleiben Sie länger in Ungarn? Wir sind auf der Heimreise, sagt Frau Schuster-Pirchala, und erzählt dann ungefragt, wie es ihrem Mann gelang, in drei Wochen einen Jugendtraum einzulösen.

Daß sich am ersten Schluck auf das Wiedersehen auch dies fremde Paar beteiligt, will Dr. Thape gar nicht schmecken; aus totem Winkel gibt er seiner Frau auffordernde Signale, die sie nur mit unschlüssigem Heben der Schultern beantwortet. Jedenfalls erkennt sie, daß er ihr die Verantwortung zuschiebt für die unerwünschte Anwesenheit dieser Leute, und weil sie jetzt nichts mehr daran ändern zu können glaubt, wendet sie sich ab und sucht Trudis Blick. Ich hörte, daß Sie aus der DDR kommen, sagt Frau Schuster-Pirchala; wie geht es heute in der DDR, im allgemeinen? Reimund blickt ratlos Trudi an, die mit ausgestrecktem Zeigefinger zartfühlend an ihrem Bierglas entlangfährt, und dann sagt er: Aus der Art Ihrer Frage schließe ich, daß Sie wissen möchten, ob es in der DDR immer noch Streuselkuchen gibt; als Augenzeuge darf ich Ihnen versichern, daß das der Fall ist. Ich fürchte, sagt Dr. Thape unduldsam, wenn wir jetzt etwas zu essen bestellen, dann dürfte der Tisch für sechs Personen zu klein sein. Dann rücken wir eben etwas zusammen, sagt die Masseuse; mein Mann und ich brauchen sowieso kaum Platz, weil wir nur einen Teller mit Rohkost bestellen. Wir, sagt Trudi, wir können doch solange hinübergehen zu unseren Mitreisenden. Was meinst du, Berti? So weit kommt das noch, sagt Berti, winkt übellaunig einen Kellner

heran und fordert ihn auf, die Bestellung anzunehmen.

Und wie geht's Vater, fragt Dr. Thape über den
Tisch. Trudi sieht ihren Bruder lange an, gerade
so, als hätte sie eigentümliche Schwierigkeiten,
diese Frage zu beantworten. Ich weiß nicht, sagt
sie leise; manchmal habe ich das Gefühl, er ist
sehr alt geworden; manchmal glaube ich aber
auch – und das betrifft vor allem seine Haltung –,
daß er wieder jünger wird. Er läßt dich grüßen. In
eine Pause sagt Frau Schuster-Pirchala: Das ist
durchaus typisch für alte Männer, in einem bestimmten Stadium beginnen sie, fast übertrieben
auf ihre Haltung zu achten. Außerdem hat er
Mutters Leidenschaft übernommen, sagt Reimund, sowas von begeistertem Radiohörer hast
du noch nicht erlebt. Wir müssen den Kasten ab-
stellen, sobald er eingeschlafen ist.

Der Kellner irrt sich; er hat fünfmal Karpfensuppe angeschleppt, obwohl nur vier Gäste sie
bestellt haben. Bekümmert blickt er auf den
überzähligen, dampfenden Teller, auf dem eine
ebenmäßig gebogene Bauchgräte leuchtet. Das
tragen Sie mal zur Küche zurück, guter Mann,
sagt Frau Schuster-Pirchala, worauf Judith lako-
nisch erklärt: Sie kann hierbleiben, ich werde die
Suppe essen. Laß sie nur mir, sagt Dr. Thape,
Trudi wird dir bestätigen, daß ich schon als Junge
ganz versessen auf Suppe war, was, Trudi? Sie

machen sich wohl gar nichts aus Suppen, Herr Schuster-Tschinschilla, fragt Dr. Thape, und der Mann im weinroten Jackett strafft sich und sagt lächelnd: Zuviel Suppe genossen, früher beim Militär, da hat sich Überdruß eingestellt. Übrigens – mein Name ist einfach Schuster. Aber Sie haben wohl nichts dagegen, fragt Dr. Thape, seinen Unwillen mühsam bezähmend, wenn wir unsere Suppen hier so genüßlich vor Ihnen löffeln? Nur zu, sagt Herr Schuster, und macht sogar eine einladende Handbewegung, nur zu, mich stört's nicht. Die Masseuse gibt dem Geiger der Kapelle ein Zeichen, der Mann nickt, er hat verstanden; und noch bevor die Kapelle wiegend und gekrümmt herankommt, fragt sie: Mit der Versorgung der Bevölkerung soll es ja besser geworden sein, oder? Ich meine, in der DDR. Trudi verhält sich, als sei sie gar nicht gefragt worden, und Reimund löffelt mit vorgezeigtem Genuß die Karpfensuppe. Erst als die Masseuse sagt: Man hat da schon von Engpässen gehört, sagt Reimund: Einen Engpaß werden wir gleich hier am Tisch erleben, wenn das Hauptgericht aufgefahren wird. Wir bringen Sie bestimmt nicht in die Klemme, sagt Frau Schuster-Pirchala, wir bekommen nur klitzekleine Rohkostteller. Herrgottnochmal, sagt Dr. Thape, ich hab' das Gefühl, hier zieht's. Was meinst du, Judith, wollen wir uns nicht einen anderen Tisch suchen? Der große Ecktisch ist noch frei, sagt Frau Schuster-Pirchala, da haben gut und gern acht Personen Platz.

Trudi lächelt, bei geduldiger Neigung des Kopfes, sie öffnet ihre Handtasche, findet gleich das blaßgrüne, ältliche Etui, läßt es, mit Herrn Schusters Hilfe, ihrem Bruder zuwandern: Vater schickt dir das, sagt sie, er bestand darauf. Sieht ganz nach einer Uhr aus, stellt Frau Schuster-Pirchala fest, und nun sehen alle zu, wie Dr. Thape das Etui öffnet und eine Taschenuhr heraushebt. Na, bitte, sagt die Masseuse; und vermutlich ist die Uhr auch nicht aufgezogen. Sorgsam beobachtet Trudi alle Bewegungen ihres Bruders, registriert seine Ungläubigkeit nicht weniger als seine Rührung und die etwas nachsichtige Freude, und um Entschuldigung bittend fügt sie hinzu: Das ist alles, mehr haben wir euch nicht mitgebracht, nicht mitzubringen gewagt nach Judiths Brief. Wieso, fragt Judith, welcher Brief? Du schriebst mal, daß ihr nichts zu entbehren hättet und daß wir nichts schicken sollten, sagt Trudi ruhig. Du meintest, all diese Dinge bei uns – nein, du hast sie nicht dürftig genannt, aber darüber wollen wir jetzt nicht sprechen. Die Uhr geht, sagt Dr. Thape, die Uhr geht einwandfrei; und die Kette ist so dünn, daß man sie ohne weiteres durchs Knopfloch ziehen kann. Hinter ihm setzt plötzlich die Kapelle ein, er zuckt zusammen wie bei einer überraschenden Injektion, schließt gequält die Augen und hält sie geschlossen, während er mit beiden Händen die Uhr abdeckt, als wollte er sie schützen. Reimund ruft ihm etwas zu, doch er versteht ihn nicht.

Auf Reimunds Teller ist ein beleidigt aussehendes Karpfenmaul zurückgeblieben, zu Trudis Vergnügen steckt er einen Zahnstocher in das Maul, legt den Kopf schräg und verkündet: Hygiene, der erste Schritt zur Revolution. Man sollte sie nicht übertreiben, die Hygiene, sagt Frau Schuster-Pirchala, die meisten Menschen wissen nicht, wie lebensnotwendig die Körperflora ist. Da umschließt Dr. Thape krampfhaft das Etui, legt sich zurück und sagt mit unheilvollem Unterton zur Masseuse hinüber: Ihnen scheint wohl zu allem etwas einzufallen. Frau Schuster-Pirchala ist verdutzt, sie sieht betroffen ihren Mann an. Sie sagt: Ich verstehe nicht, warum Sie sich so aufregen; die Hygiene ist wirklich ... Dr. Thape unterbricht sie ärgerlich, streift Judiths Hand von seinem Oberarm, klopft mit dem Etui auf den Tisch und sagt gepreßt: Damit Sie es nun endlich wissen, ich bin nicht von Bremen hierher gefahren, um mir Ihre Ansichten über Körperflora anzuhören. Ich, wir sind hier, um – falls Sie es noch nicht bemerkt haben – nach langer Zeit Wiedersehen zu feiern. Ein Familientreffen, falls Sie

26

nichts dagegen haben. Berti, sagt Judith gedehnt und beschwichtigend, und Frau Schuster-Pirchala, unter fast schmerzhaftem Protest: So hat man mich noch nie beschuldigt, so aus heiterem Himmel! Wir saßen doch eben gemütlich zusammen, und nun muß man sich das anhören! Wir scheinen hier zu stören, Erich. Komm. Bitte, sagt Judith einlenkend, mein Mann hat es nicht so gemeint, jedenfalls nicht so, wie es klang, nicht wahr, Berti? Frau Schuster-Pirchala, in düsterem Aufbruch: Das muß einem doch gesagt werden, daß man unerwünscht ist, daß man eine Familienfeier stört, bist du fertig, Erich? Die Bremer Bekannten entfernen sich grußlos und spähen nach einem Tisch in äußerster Entfernung. Entschuldigt, sagt Dr. Thape, aber ich konnte es einfach nicht mehr ertragen. Du warst sehr hart, sagt Judith, du hättest es ihnen schonender beibringen können. Aber das habe ich doch versucht, sagt Berti zornig, die ganze Zeit habe ich deiner Masseuse beizubringen versucht, daß hier jemand fehl am Platz ist. Kinder, sagt Reimund und mimt lippenleckend Vorfreude, streitet euch nicht, dort kommt das Hauptgericht, ein original-ungarisches Hirtengulasch.

Nun hebt Dr. Thape das schweißglänzende Gesicht, er blickt allein Trudi an und hält ihr sein Glas entgegen: Und jetzt, sagt er, wo wir ganz unter uns sind, möchte ich noch einmal mit euch auf unser Wiedersehen anstoßen. Der Kellner unterbricht ihn scheu, er bittet um Aufklärung, was nun mit den beiden Rohkostellern geschehen solle: Hier nix essen, fragt er, und Dr. Thape unwirsch: Dort hinten, sehen Sie, am Tisch neben der Eingangstür – dort wird das Zeug erwartet. Köche und Kapellen, sagt Reimund in langgestrecktem Genuß, solange es die hier gibt, lohnt sich immer eine Fahrt nach Ungarn.

Judith entschuldigt sich, sie muß zur Toilette, ihr Weg führt sie zwangsläufig an dem Tisch vorbei, an dem nun die Bremer Bekannten vor ihren Rohkostellern sitzen. Trudi beobachtet ihre Schwägerin, die dort an den Tisch herantritt und sich hastig bespricht, vermutlich einzulenken versucht. Wißt ihr, sagt Berti, ich habe mich so auf dies Wiedersehen gefreut, daß ich schon die Stunden zählte, um die ihr euch verspätet habt. Und dann drängen sich diese Fremdkörper hier herein. Prag, sagt Reimund, daß wir uns verspätet haben, lag einfach daran, daß sich ein junges Mädchen bei einem Aufenthalt in Prag selbständig machte – du weißt schon. Sie traf sich dort mit so einem leichtfertigen Westler, der sie vermutlich rausbringen wollte, hat man im Bus erzählt. Aber das kann man doch verstehen, sagt Berti, und Reimund achselzuckend: Ich weiß eben nicht. Vater, zum Beispiel, sagt Trudi, er kann es bis heute nicht verstehen, daß du damals weggegangen bist. Er sagt, du hast uns alleingelassen. Berti möchte etwas entgegnen, doch die Zigeunerkapelle am Nebentisch, mit geprobter Leidenschaft aufspielend, bescheinigt ihm sogleich die Unterlegenheit seiner Stimme, er winkt ab, er verzichtet.

Zum Kaffee muß man hier einfach einen Pflaumenschnaps trinken; sogar Judith läßt sich dazu überreden, sie, die sich in allzu höflichem Schweigen eingerichtet hat, obwohl sie von Reimund angenehm enttäuscht zu sein scheint. Also nun von Anfang an, Trudi, und ganz gemächlich – wie geht es bei euch zu Hause? Trudi blickt ihren Bruder an, hebt ratlos die Schultern, da verhindern entweder Fülle oder Gewohnheit eine schnelle Auswahl unter Erlebtem: Tja, Berti, was soll ich dir darauf antworten? Das Haus steht, Vater ist gesund, in deinem Zimmer wohnt seit einigen Jahren eine freundliche alte Frau, eine Lehrerin aus Riga, die nie die Jalousien vor ihrem Fenster öffnet. Reimund hält dem Kellner auffordernd sein leeres Glas entgegen. Dann streicht er Trudi vergnügt über die vernarbte Wange und bittet sie um Entschuldigung für die Unterbrechung. Also, wenn ich auf eine so allgemeine Frage antworten sollte, sagt er, ich würde zuerst das herausrücken, was zählt. Auf die Frage: wie geht's? würde ich nur sagen: keine Ersatzteile.

Und dann im einzelnen begründen. Auf eine neue Dachrinne fürs Haus warten wir seit anderthalb Jahren; auf einen Verteilerhahn im Badezimmer siebzehn Wochen. Binderfarbe – du weißt, für den Außenanstrich des Hauses – hat man mir vor vier Monaten versprochen, und auf eine ausziehbare Bodenleiter warte ich mittlerweile schon so lange, daß ich sie mir demnächst selbst bauen werde. Da haben doch viele schon, was sie erfahren möchten, um sich selbst beglückwünschen zu können zur Wahl ihres Aufenthalts. Na, sagt Berti, dafür sind eure Mieten erheblich niedriger.

Sie beschließen, genauer, Dr. Thape schlägt vor, aufs Zimmer hinaufzuziehen, da spricht sich's ungestörter, da ist man unter sich – vorausgesetzt, Trudi, ihr könnt euch solange von euren Leuten absentieren. Er übernimmt die Rechnung, bittet lediglich um eine Quittung, und ein außergewöhnliches Trinkgeld fördert die Bereitschaft des Kellners, zwei Flaschen Wein aufs Zimmer zu bringen. Berti nimmt Trudis Arm, Reimund hakt sich bei Judith ein: so schieben sie an den Tischreihen vorbei zum Ausgang. Die Bremer Bekannten wenden sich vorsätzlich ab.

Sie mal, Trudi, sagt Reimund, dies Zimmer ist nicht nur doppelt so groß wie unseres, es hat sogar einen Schreibtisch, es hat einen Balkon und einige Polsterstühle für liebe Gäste. Warum behandeln uns die sozialistischen Freunde nicht ebenso zuvorkommend? Er entdeckt die Badehosen unterm Fenster, er sagt: Ah, wie ich sehe, seid ihr schon in den Balaton gestiegen; ein merkwürdiger See, und wißt ihr, warum? Bei keinem Gewässer der Welt gibt es diese Unverhältnismäßigkeit von Wind und Wellen, das heißt, die Wellen gehen hier sehr viel höher, als es der jeweils herrschenden Windstärke entspricht.

Judith läßt hinter ihrem Rücken den Koffer zuschnappen und tritt vor sie hin mit zwei original verschnürten Päckchen. Sie sagt: Wir haben euch ein Geschenk mitgebracht, nur einige Kleinigkeiten; dies ist für dich, Reimund, und das Viereckige für Trudi. Auf ein mißbilligendes Kopfschütteln sagt Berti: Wir konnten es eben nicht lassen. Beim Anblick der massiven, aus Weißgold gearbeiteten Manschettenknöpfe sagt Reimund: So, Trudi, jetzt bist du gezwungen, mir das entsprechende Hemd zu kaufen; doch die Frau wendet sich ihm nicht zu, sie starrt regungslos auf den Armreif mit der eingelegten Uhr und den sprühenden Steinen, als überlegte sie, ob es für sie überhaupt eine Rechtfertigung gäbe, solch ein Geschenk anzunehmen. Ach, Berti, ich weiß nicht, was ich dazu sagen soll.

Alle drei Lampen des Zimmers brennen, Berti läßt die Photographien wandern, Judith erläutert ihrem Schwager die Lage und Beschaffenheit des Hauses im Bremer Vorort. Und du mußt dir vorstellen, daß dies alles Weideland war, vor nicht einmal zwanzig Jahren. Schön ist es, am Abend auf der Terrasse zu sitzen und auf der Weser, nicht mal sehr fern, die erleuchteten Schiffe vorbeiziehn zu sehen; da mußt du glauben, sie ziehen über die Wiesen. Vielleicht sind sogar einige dabei, sagt Berti, die du ausgerüstet hast. Dann macht er die Verwandten mit einer neuen Serie bekannt: Hier seht ihr nun das Haus von innen: meine Hobby-Werkstatt, die Südansicht des Living-Rooms, Judiths Schlafzimmer und dahinter ihr eigener Aufenthaltsraum. Und für all das, fragt Reimund, habt ihr Handwerker, ja? Judith, sagt Berti, sie tapeziert, malt, baut sich Regale zusammen – nur an elektrische Leitungen traut sie sich nicht heran. Also das, was Trudi bei uns macht, sagt Reimund. Während Judith Wein einschenkt, sagt sie: Ihr müßt uns gleich eure Bilder zeigen, und Trudi darauf: Bilder? Wir haben keine Bilder mitgebracht.

Über ihr Glas hinweg mustert Judith ihre Schwägerin, prüfend, erstaunt auch, vielleicht um herauszubekommen, was sie zwingt, Trudis Überlegenheit anzuerkennen. Sie mustert ihre Kleidung: die Spangenschuhe, das olivfarbene Kostüm, das zerknittert ist von der Reise, den Anhänger auf dem Revers, der offenbar eine

Hansekogge unter prallen Segeln darstellt. Sie sagt plötzlich, obwohl sie ursprünglich etwas anderes sagen wollte: Es freut mich, Trudi, daß dir die Sachen gefallen, die ich dir so nach und nach geschickt habe – auch wenn sie gebraucht waren. Es waren auch schöne Sachen, sagt Trudi, bei uns kaum zu bekommen, sogar beim Roten Kreuz waren sie erstaunt.

Reimund hat nichts dagegen, daß Berti eine neue Flasche bestellen will, er gibt mit einer Warum-nicht-Geste seine Zustimmung und nimmt eine voraufgegangene Bemerkung auf: Du irrst dich – heute kann man nirgendwo mehr die pure Freiheit wählen, sondern nur eine mehr oder weniger umgängliche Bürokratie. Die nämlich befindet darüber, welche Ersatzteile du bekommst, welche Aufstiegschancen du hast, in wievielen Organisationen du aktiv sein mußt, um als vertrauenswürdig zu gelten. Ich sage dir: eine bessere Bürokratie, und die Exportfähigkeit des Sozialismus nimmt zu. Und ich sage dir, Reimund: auch nach fünf Generationen Sozialismus werden die Leute nicht aufhören zu verlangen, was er ihnen vorenthält, nämlich die entscheidenden kleinen Freiheiten. Aber da wir uns nicht gegenseitig überzeugen wollen, sollten wir die Politik aus dem Spiel lassen.

Der Kellner scheint die Rüge nicht verstehen zu wollen, die Dr. Thape ihm dafür erteilt, daß er eine neue Bestellung zu lässig ausführte. Er entläßt ihn blicklos, mit gesenktem Gesicht, ohne ihm ein Trinkgeld zu geben. Immer noch übelnehmerisch erkundigt er sich bei Judith, ob sie das Blitzlicht bereit habe. Wenn ihr einverstanden seid, sagt er, möchten wir jetzt einige Aufnahmen machen. Einzeln, paarweise, überkreuz photographieren sie einander auf dem Zimmer, der aufflammende Blitz blendet so stark, daß zumindest Judith fürchtet, sie werde auf allen Bildern nur mit geschlossenen Augen zu sehen sein. Danach sagt Dr. Thape: Das zumindest hätten wir. Und dann möchte er, nur der Ordnung halber, fragen, wie lange Trudi und Reimund in Ungarn bleiben werden. Vierzehn Tage? Leider, sagt er, muß ich am Montagabend schon wieder in Wien sein.

Sie trinken einander zu. Und nun, Trudi, sagt Dr. Thape, mußt du mir noch erzählen, was unsere kleine Sonja macht, die Meisterschwimmerin, und Ralf, und Bruno von nebenan. Trudi lächelt. Sonja, fragt sie – ihre jüngste Tochter hält alle Rekorde über die Rückenstrecken. Sonja ist mit Bruno verheiratet, der, soviel ich weiß, Richter geworden ist. Und Ralf – er ertrank bei dem Versuch, die Ostsee im Paddelboot zu überqueren. Bruno und Richter, fragt Dr. Thape skeptisch; und Trudi: Warum nicht? Was sollte dagegen sprechen? Immerhin, sagt Berti, haben wir zusammen die Schulbank gedrückt, und ich war oft genug bei ihnen zu Hause. Sein Vater hatte doch immer Scherereien mit der Polizei. Allerdings, sagt Trudi, aber sein Vater hatte diese Scherereien zur richtigen Zeit.

Reimund gähnt, angelt sich sein Jackett mit dem groben Fischgrätenmuster. Es ist nun mal so, sagt er, alles färbt auf uns ab, die Dinge, die Ideen, die Verhältnisse, so oder so, je nachdem, wo einer lebt. Er bittet um Entschuldigung für sein Gähnen und erinnert daran, daß sie heute neun Stunden im heißen Bus saßen, Trudi und er. Sicher hebt er den Hemdkragen übers Jackett und streicht ihn glatt. Leider, lieber Reimund, bin ich nicht ganz deiner Meinung, sagt Berti: auf die Blassen, die Farblosen, da färben die Verhältnisse vielleicht ab, aber nicht auf Leute, die sozusagen eigene Grundfarbe mitbringen.

Draußen auf dem Flur verhandeln sie mit gedämpften Stimmen über den Zeitpunkt des gemeinsamen Frühstücks; Reimund besteht auf neun, er droht, daß er völlig unergiebig sei vor neun, also lassen sie es bei neun und geben einander nur die Hand und winken sich noch einmal zu.

Während Berti sich unter gespanntem Schweigen auszieht, raucht er die letzte Zigarette. Judith sitzt auf ihrer Seite des Doppelbetts, erwartungsvoll wie immer, um gemeinsam, wenn auch nicht den ganzen Tag, so doch die wichtigsten Erfahrungen des Tages zu bilanzieren. Nach einer Weile sagt sie: Eins steht fest, bei Frau Schuster-Pirchala kann ich mich nicht mehr sehen lassen, nach allem. Pichalla oder Tschintschilla, sagt Berti erlöst und in einer Bewegung innehaltend, du findest zehn andere, die dich durchkneten. Wer hat sie nur ausgerechnet heute hierher geschickt, diese Frau, die ja wohl die Empfindlichkeit einer Straßenwalze hat? Ich bin immer noch der Ansicht, sagt Judith, daß du sie anders hättest behandeln müssen. Anders? Sie, die sich in eine Familienfeier drängt? Die sofort das Wort nimmt und quasselt, als gehöre sie dazu? Vielleicht, sagt Judith, vielleicht hat sie selbst Verwandte drüben. Ich begreife einfach nicht, sagt Berti, wie du diese Nervensäge in Rosa in Schutz nehmen kannst: sie hat mir die Stimmung für den ganzen Abend vermasselt. Immerhin, sagt Judith, als ich sie am Wasser entdeckte, da hast du mich gebeten, sie kommen zu lassen.

Sie liegen nebeneinander im Bett, wie hergerichtet, jeder die rechte Hand unterm Hinterkopf, den Blick zur Decke; nur die Nachttischlampe brennt. Es ist aber so, sagt Judith, ich komme an Trudi einfach nicht heran. Und hast du gehört, wie beiläufig sie mir zu verstehen gab, daß sie die Sachen, die ich ihr schickte – manchmal ohne dein Wissen –, daß sie all die Sachen zum Roten Kreuz trug? Das ist doch wohl nicht wahr, sagt Berti, das hab' ich gar nicht mitbekommen. Das ist typisch Trudi; aber darüber reden wir morgen ein Wörtchen. Zum Frühstück mußt du ihr die Uhr mitbringen, denn im Unterschied zu Reimund hat sie ihr Geschenk prompt vergessen. Ich mag Reimund, sagt Judith langsam, und du? – Er hat mich nicht ein einziges Mal gefragt, was ich eigentlich tue, sagt Berti.

Dr. Thape im geblümten Freizeithemd, Judith in ausgebleichten, aber gebügelten Shorts: so kommen sie, Grüße murmelnd, die ausgelegte Treppe hinab, scheren, bevor sie das Restaurant betreten, zum Empfang hinüber, wo neuere Zeitungen und Illustrierte liegen. Ein lachender Junge in reichlich zugemessener Portiers-Uniform – er scheint zu wissen, welch einen Eindruck er in dem viel zu großen Anzug hervorruft – übergibt Dr. Thape einen Brief; vom Ständer mit den Ansichtskarten sieht Judith zu, wie ihr Mann den Umschlag aufreißt, liest, den Brief sinken läßt, noch einmal liest und dann fassungslos nach ihr sucht. Sie geht zu ihm, sie fragt: Aus Wien? Müssen wir abreisen? Von Trudi, sagt er; hier, lies mal, du glaubst es nicht. Und, erregt und geringschätzig zugleich: Es hat sich ihnen eine Chance geboten, sehr früh heute morgen, die einmalige Chance, die letzten wilden Pferde der Pußta zu sehen. Ein Ausflug nur, doch sie werden leider nicht vor Montagabend zurück sein: Judith liest den Brief, hebt dann langsam das Gesicht und sagt: Ein Vorwand, Berti, nichts als ein Vorwand. Da ist etwas falsch gelaufen; ich weiß nicht, was es sein könnte, aber etwas ist falsch gelaufen. Komm, laß uns ins Restaurant gehen, wir können beim Frühstück darüber sprechen.

# Die Tortour

Da standen, um mich zu begrüßen, als ich in Bustani aus dem Zug stieg, drei Ziegen. Tot, ausgestopft und mit rosa Ballettröckchen bekleidet tanzten die zwei großen Ziegen und ein Zicklein einen Pas des trois, der in alle Ewigkeit andauern würde. »Möchtest du dir diese Ziegen anschauen?« fragte ich Peter. »Ich kann hier nicht bleiben.« Ich wollte wieder in den Zug zurück und eine andere Stadt ausprobieren, aber das war unmöglich, wie mir Peter sagte. Reisen in Rumänien unterlag Einschränkungen. Spaßeshalber mit dem Zug durch die Gegend zu fahren, ging nicht. Alle Fahrkarten müssen im voraus gekauft werden. Alle nötigen Papiere vorgelegt werden. Und man muß sich beim Kauf der Fahrkarte auf den genauen Ankunftsort festlegen. Wir fuhren auf Empfehlung einer Frau aus dem Reisebüro in Bukarest nach Bustani. Sie versprach Atmosphäre, Berge, erquickende warme Quellen, murmelnde Bäche, einen Jungbrunnen und die Heilung von allen Gebrechen. Sie sagte nichts von ausgestopften Ziegen.

»Wir werden es hier wunderbar finden«, sagte Peter. »Schau dir diese Berge an.«

Die Karpaten waren schwarz, hoch und schroff. Auf dem höchsten Gipfel des schwärzesten Berges hatte man ein Kreuz errichtet. Es dräute zu uns herab. Ich drehte mich weg und sagte: »Na gut, schlimmer als Bukarest wird es nicht werden.« Die Frau im Reisebüro in New York hatte uns erzählt, daß Bukarest das Paris des Ostens sei. Sie muß an das Paris von 1942 gedacht haben.

Das Reisebüro in Bustani war ganz in der Nähe des Bahnhofs. Peter trug unsere Taschen. Ich stapfte lustlos neben ihm her.

Diese Reise nach Rumänien war als romantisches Abenteuer geplant und sollte die Beziehung zwischen Peter und mir retten. Unsere letzte Tankstelle. Er wollte, daß wir nach Venedig gehen, und ließ sich wochenlang über die Kanäle von Venedig aus. Aber ich blieb dabei, daß die Kanäle von Venedig Kloaken seien. Rumänien war meine fixe Idee. Ich wollte, Peter hätte mir meine eigene lausige Entscheidung unter die Nase gerieben. Dann hätten wir wenigstens einen ordentlichen Streit gehabt. Aber Peter machte das nicht, weil er sich verzweifelt darum bemühte, schöne Tage mit mir zu verleben. Ich hatte keinen Sinn für seinen Optimismus.

Taxidermie muß in Bustani das Kunsthandwerk Nummer eins gewesen sein. Ein ausgestopfter Pelikan winkte uns aus dem Fenster des Reisebüros zu. Er trug eine Baskenmütze. »Wenigstens tanzt er keinen Cancan.« Peter versuchte, das Beste daraus zu machen.

Das Reisebüro bestand aus einem Raum mit einem Tisch, der aus einer Kantine hätte stammen können, einem Telefon und einer Frau. Sie hob ihre Augen und sah uns an, begrüßte uns jedoch nicht und fragte auch nicht, ob sie uns helfen könne.

»Sprechen Sie ein wenig Englisch?« fragte Peter sie.

»Ein bißchen«, sagte sie.

»Wir brauchen ein Hotelzimmer«, sagte Peter. In Bukarest hatte man uns gesagt, daß wir von dort aus keine Hotelreservierungen für andere Orte vornehmen könnten. Mit den Telefonleitungen war irgend etwas nicht in Ordnung. »Aber das ist gar kein Problem«, hatte uns die Frau versichert. »Viele Hotels in Bustani. Schöne Hotels in Bustani.«

Diese hier sagte: »Es gibt hier keine Hotels.«

Ich trat einen Koffer quer durch den Raum. Peter ging, um ihn zurückzuholen. »Hören Sie zu«, sagte ich. »In Bukarest sagte man uns, daß es keine Probleme gäbe, hier ein Hotelzimmer zu kriegen. Ich habe gerade eine vierstündige Zugfahrt hinter mir, auf der uns unsere Fahrkarten für die Erste Klasse einen Stehplatz in den Klos einbrachten. Treiben Sie keine Späße mit mir. Besorgen Sie mir ein Hotelzimmer.«

»Es gibt hier keine Hotels«, wiederholte sie wie ein schwachsinniger Papagei.

In Bukarest hatten wir gelernt, wie man besticht. Es funktioniert anders als in New York. Hier gibt man kein Geld. Das rumänische Geld war ungefähr soviel wert wie der Dollar der Konföderierten. Den Rumänen mußte man eine Jeans oder so etwas geben. Ich nahm meine Armbanduhr ab und gab sie diesem Miststück. »Und, haben Sie jetzt ein Hotelzimmer?«

»Nicht deine Uhr«, sagte Peter. Peter hatte mir die Uhr zum Geburtstag geschenkt, aber ich war zu schlecht gelaunt, um sentimental zu sein. »Du wirst mir eine andere kaufen«, sagte ich.

Die Frau kam vor. Sie sagte, daß sie uns vielleicht ein Zimmer besorgen könnte. Sie telefonierte. Ja, da wäre ein Zimmer frei. Sie schrieb uns eine Adresse auf ein Stück Papier und sagte uns, daß wir heute ausgesprochenes Glück hätten.

»Nicht ganz so viel Glück wie Sie«, sagte ich, und wir gingen, während sie ihr frisch geschmücktes Handgelenk bewunderte.

Keine zwei Schritte später wurden wir von einem gebeugten alten Mann in Empfang genommen, der uns für den Preis von drei Kugelschreibern zu unserem Hotel bringen wollte. Ich war so dumm, zu glauben, daß er ein Auto hat. Er wuchtete unsere Koffer auf seinen buckligen Rücken und winkte uns, ihm zu folgen. Nach einem Kilometer oder so hielt er an und gestikulierte, daß dies das Hotel sei. Das Hotel sah wie eine zerbeulte Matratze aus, auf der einige Jahre zuviel geschlafen worden war. Wir gaben ihm die drei Kugelschreiber, und er hüpfte umher wie ein kleiner aufgeregter Affe. »Peter«, sagte ich. »Bitte, wirf ihm was in seine Mütze.«

»Ach komm«, sagte Peter. »Entspanne dich. Wir haben ein Zimmer, oder? Und die Stadt ist wirklich hübsch. Hast du nicht gesehen, wie hübsch sie ist?«

»Nein«, sagte ich.

Der Hotelangestellte schlief hinter dem Tresen, und ich sagte, »vielleicht ist er auch ausgestopft.«

Peter räusperte sich höflich und weckte den Typ auf. Er zeigte uns unser Zimmer, und ich konnte nicht umhin festzustellen, daß das Hotel völlig leer war. Ich hätte gehen und mir meine Uhr wieder holen sollen.

Das ganze Hotel hatte einen muffigen Geruch, und in unserem Zimmer stank es, als ob seit Jahrhunderten keine frische Luft mehr reingelassen worden wäre. »Mach das Fenster auf«, sagte ich zu Peter. »Hier riecht es wie in einer Gruft.« Aber die Fenster waren verriegelt.

Peter schlug vor, einen Spaziergang zu machen, aber ich wollte nicht. »Ich glaube, ich bleibe hier. Ich habe Lust, ein bißchen zu lesen. Und vielleicht schlaf ich ein bißchen.«

»Schlafen hört sich gut an«, sagte Peter und beugte sich vor, um mich zu berühren.

»Ich bin müde, Peter. Laß mich.«

Peter sagte, daß er dann doch einen Spaziergang machen würde. »Ich werde ein nettes Lokal für das Abendessen auskundschaften«, sagte er. »Schlaf gut.«

Ich las ein bißchen und döste weg. Als ich aufwachte, bekam ich sofort schlechte Laune, weil ich ohne meine Uhr nicht wußte, wie spät es war. Ich wusch mir kurz das Gesicht und sah aus dem Fenster. Ich bin nicht bei den Pfadfindern gewesen, aber ich schätzte, daß es später Nachmittag war.

Ich hinterließ Peter eine Nachricht, daß ich auch spazierengegangen sei. Ich schrieb ihm, daß er hier auf mich warten solle, falls er vor mir zurückkäme. Ich stellte fest, daß ich keinen Schlüssel hatte, um abzusperren, aber das war auch schon egal, weil wir eigentlich nichts mehr hatten, was man hätte stehlen können.

Unser Hotel lag in einer engen Seitenstraße. Ich überlegte, in welche Richtung ich losgehen sollte, und schaute dabei nach rechts. Bergauf. Ich ging nach links. Eine Prozession kam mir entgegen. Zwei Priester in schwarzen Talaren führten zwei schwarze Hengste. Die Pferde zogen eine Kutsche, die mit Blumen gefüllt war. Ich stellte mich auf die Zehenspitzen und sah inmitten dieses Blumenarrangements den Körper eines Mannes in einem Sarg liegen. Er war mit einer Plastikfolie bedeckt, wie eine kalte Platte aus einem Feinkostgeschäft. Die Trauernden folgten dem Leichenwagen. Die Witwe führte die Gruppe an. Sie war verschleiert. Alle, selbst die Kinder, trugen schwarz. Ganz am Ende, mit ein bißchen Abstand zu den anderen, liefen ein paar Mädchen, Teenager. Sie kicherten.

Als die Parade schließlich den Berg hinauf war, lief ich ins Zimmer zurück. Es schien eine Ewigkeit zu dauern, aber es waren wohl nur wenige Minuten, bis Peter zurückkam. »Hast du die Beerdigung gesehen?« fragte ich.

»Nein«, sagte Peter. »Wo denn?«

»Peter, die fahren die Toten in einem offenen Sarg in einer Kutsche herum. Nicht ganz offen, weil sie sie mit einer Plastikfolie bedecken. Warum bedecken sie die Toten mit einer Plastikfolie?«

Peter hatte mir einige Jahre voraus. Zwanzig, um genau zu sein. Und deshalb dachte ich immer, er wisse über solche Dinge Bescheid. Peter zuckte mit den Schultern. »Es ist billiger als Glas, nehme ich an. Und es hält die Fliegen genauso gut von dem Leichnam fern. Ich habe ein Lokal für das Abendessen gefunden«, fuhr er fort. »Hast du Hunger?«

Ich wünschte, ich hätte keinen gehabt. Aber ich hatte Hunger. Mein Körper hörte nicht auf, mich zu verraten. Ich wollte immer noch essen. Und trinken. Und schlafen. Alles, nur keinen Sex. Ich hatte Peter seit fünf Monaten nicht mehr erlaubt, mich zu berühren. Er war sehr geduldig. Und verständnisvoll. Er liebte mich sehr. Ich wünschte, er hätte mich nicht geliebt. Ich wünschte, er hätte mir ein Ultimatum gestellt: Mach die Beine breit oder kratz die Kurve. Tat er aber nicht. Er wartete darauf, daß ich nachgeben würde. Es wurde erwartet, daß ich auf dieser Reise nachgeben würde. Aber das war nicht sehr wahrscheinlich.

»Es gibt nur ein Restaurant in der Stadt. Soweit ich das feststellen konnte«, sagte Peter auf dem Weg dorthin. »Aber es scheint ein nettes Lokal zu sein.«

Die Straßen in Bustani wanden sich um die Berge. Sie waren eng und viele hatten Kopfsteinpflaster. Die Häuser, mußte ich zugeben, sahen wie furchtbar süße kleine Schlößchen aus. Und jedes hatte einen üppigen Blumengarten mit Enten auf dem Rasen. Alles in allem sah es aus wie bei ›Heidi‹. Das heißt, wenn man nicht zu genau hinsah. Denn wenn man genau hingesehen hätte, hätte man gemerkt, daß die Enten ausgestopft waren und daß die Leute, die wie Ochsen vor sich hin stapften, leere Gesichter hatten.

Das Restaurant war sehr groß. Es hatte einen königsblauen Teppichboden, aber sonst keinerlei

Dekoration. Wir waren die einzigen. »Ich glaube, es ist ein bißchen zu früh fürs Abendessen«, sagte Peter. Ich schaute ihn nur an. Hier würde nie jemand sein, egal, zu welcher Uhrzeit. Wir waren die einzigen Touristen in der Stadt. Und Rumänen, erfuhren wir, gingen selten zum Essen aus. Restaurants dort waren keine besonderen Orte, an denen man köstliche Leckereien serviert bekam, es gab dort einfach nur einen Service. Es gab keine Speisekarten in rumänischen Restaurants. Was immer am selben Tag mit einem sowjetischen Transport angeliefert worden war, wurde serviert. Die Kellnerin, ein Tier in einer weißen Uniform, knallte uns einen Korb mit Sauerteigbrötchen auf den Tisch. Sie landeten mit einem dumpfen Schlag. Ein Griff sagte mir, daß sie nicht eßbar waren. »Heb eines auf«, sagte ich Peter. »Später, wenn uns langweilig wird, können wir damit eine Runde Squash spielen.«

Peter winkte die Kellnerin an den Tisch und versuchte herauszufinden, was es zum Abendessen gab. Ich erinnerte ihn daran, daß wir es, falls es Rind sein sollte, nicht haben wollten. Rindfleisch roch in diesem Land äußerst unangenehm.

Englisch, Französisch und Italienisch halfen Peter nicht weiter. Die Kellnerin verstand nichts, Peter versuchte es mit Zeichensprache, und er mußte sich verständlich gemacht haben. Sie ging

47

und kam mit einem Tablett zurück. Auf dem Teller lag eine sehr große, rohe Leber. Aus mir nicht nachvollziehbaren Gründen hielt sie es für angebracht, den Teller mit einer ganzen Tomate zu dekorieren. Sie hielt mir die Leber unter die Nase, damit ich sie inspizieren konnte. »Peter, mach, daß sie das weg tut. Mir wird noch schlecht.« Aber diese Kellnerin war auf unsere Zustimmung zu der blutenden Leber erpicht. Sie weigerte sich zu gehen, bis Peter vor Freude begann, wild mit dem Kopf zu nicken. Sie ging, vermutlich, um die Leber auf das Feuer zu stellen.

»Peter, wenn sie diese Leber wieder herbringt, schwöre ich, daß ich mich übergebe. Kannst du ihr nicht klarmachen, daß wir einfach nur ein bißchen Käse oder so was haben wollen?«

Peter stand auf, um die Kellnerin zur Einsicht zu bringen. Dumm, daß wir nicht daran gedacht hatten, etwas mitzunehmen, um sie zu bestechen. Aber es stellte sich heraus, daß Peter einen Stift oder Büroklammern oder so was in seinen Taschen gehabt haben mußte, denn die beiden kamen mit zwei Salaten und einer traurigen Pellkartoffel zurück.

Peter war so liebenswürdig, mir die Kartoffel zu überlassen, daß ich, als er fragte, »vielleicht machen wir morgen eine Bergtour«, zustimmte, obwohl ich wußte, daß ich unter keinen Umständen in diesen Bergen rumkraxeln würde.

Nachdem wir im Hotelzimmer angekommen waren, tat ich so, als ob ich schlafen würde, als Peter meinen Rücken streichelte. Es dauerte nicht lange, bis ich hörte, was ich hören wollte. Er schnarchte leise, und ich konnte mich soweit entspannen, um auch einzuschlafen.

Ich träumte, daß wir in diesem Raum waren. Ich lag auf dem Rücken, und die Decke war zu meinen Knöcheln runtergerutscht. Ich war entblößt und hatte furchtbare Angst. Peter biß mich. Keine zärtlichen Knabbereien; er war wie ein wilder Hund mit seiner Beute. Mit grauenhaften Bissen in meinen Bauch und meine Schenkel riß er mir mit seinen Zähnen ganze Fleischstücke heraus. Ich lag blutüberströmt da, während Peter mein Fleisch auf den Boden spuckte. Er ging noch einmal auf mich los. Ich träumte, daß er mich bei lebendigem Leib auffraß. Mein Herzschlag raste. Ich wachte auf. Ich sah zu Peter hinüber. Er schlief tief und fest. Ich war unversehrt. So irgendwie.

Ich stand auf. Ich zog den Koffer vom Schrank und warf meine Sachen hinein, ohne irgend etwas zusammenzulegen oder Flaschen und Tuben in Plastiktüten zu stecken. Für solche Kinkerlitzchen hatte ich keine Zeit. Peter wachte auf. »Was machst du?« fragte er.

»Ich haue hier ab. Ich verlasse dieses Land.«

»Du kannst jetzt nicht gehen«, sagte er.

»Doch. Du kannst mich nicht aufhalten. Niemand kann mich aufhalten. Ich werde fliehen. Ich werde über die Grenze fliehen. Das wird dauernd gemacht.«

»Wir sind Hunderte von Kilometern von der Grenze entfernt«, sagte Peter. »Laß uns bis morgen warten und den Zug zurück nehmen. Wir werden den Orientexpress nach Italien nehmen.«

»Ich kann hier nicht bleiben. Ich kann nicht in diesem Zimmer bleiben. Ich kann nicht. Ich kann nicht.« Ich saß auf dem Boden.

Peter stieg aus dem Bett und setzte sich neben mich. Er nahm meine Hand. »Es ist das erste, was wir morgen machen. Wir werden uns Fahrkarten besorgen. Und dann fahren wir nach Italien.«

Ich schüttelte den Kopf. »Ich will nicht nach Italien. Ich hasse es. Ich hasse alles. Es ist vorbei, Peter. Es ist alles vorbei. Ich will nach Hause.«

»Dann werden wir nach Hause fahren«, sagte Peter. »Es hat keinen Sinn, hier zu bleiben, wenn du unglücklich bist.«

»Ich dachte, Rumänien sei romantisch«, entschuldigte ich mich. »Es hört sich doch romantisch an, oder?«

»Das tut es«, sagte Peter. »Es ist fast dasselbe Wort. Rumänien. Romantisch.«

»Aber es ist nicht romantisch, Peter. Es ist ein grauenhaftes Land. Alles ist grauenhaft.«

»Gut, jetzt wissen wir, daß wir nicht wieder herkommen werden.«

»Peter, warum mußt du so scheißnett zu mir sein.«

»Weil ich dich liebe«, sagte Peter.

»Ich liebe dich nicht«, sagte ich.

»Das weiß ich«, sagte Peter.

»Ich habe es versucht«, sagte ich.

»Das weiß ich auch.«

»Früher liebte ich dich. Wirklich. Ich liebte dich. Peter? Bitte halt mich und beruhige mich.«

Peter legte seine Arme um mich und erzählte mir leise davon, daß wir den ersten Zug nach Bukarest nehmen würden. »Und dann sofort zum Flughafen, keine Umwege«, versprach er mir.

Ich küßte ihn.

Wir schliefen nicht und hatten deshalb vor Sonnenaufgang alles eingepackt. Wir mußten den Preis für eine ganze Woche in dieser Absteige bezahlen, obwohl wir noch nicht einmal einen ganzen Tag dageblieben waren. Peter sagte, daß wir deshalb keine Diskussion anfangen sollten, weil wir sowieso unser Geld loswerden müßten. »Wir können es ohnehin nicht mehr umtauschen. Ärgere dich nicht darüber«, sagte er.

Zum erstenmal seit New York trug ich meinen Koffer selbst. Er wog nicht mehr soviel wie damals. Fast alles, womit ich losgefahren war, hatten wir hergegeben, um Fahrkarten, Hotelzimmer und den Eintritt zu öffentlichen Badeanstalten zu erkaufen.

Peter war so taktvoll, nicht zu erwähnen, daß Bustani, wenn die Menschen noch schliefen und die Berge vom Morgennebel umhüllt waren, malerisch wie eine Ansichtskarte war.

Wir kamen am Bahnhof an, und Peter setzte mich auf eine Bank, um am Fahrkartenschalter unsere Reise nach Bukarest unter Dach und Fach zu bringen.

Ich rauchte eine rumänische Zigarette, die noch schlimmer als die französischen war. Ich versuchte, nicht daran zu denken, daß die Züge vielleicht nicht fahren würden oder daß man unsere Pässe gestohlen hätte oder daß Bustani das Land der Verlorenen war. Aber ohne Erfolg.

Peter kam zurück und winkte mit zwei Fahrkarten. Ich klatschte in die Hände, rannte zu dem Trio der gehörnten Ballerinas und rief Peter zu: »Mach ein Bild von mir und den Ziegen!«

»Das geht nicht«, sagte Peter. »Ich mußte dem Stationsvorsteher meine Kamera geben, um die Fahrkarten zu bekommen.«

# Die Frau seines Lebens

Vor einigen Jahren hatte ich das Glück, für den Kulturfonds des Europarates ein Gutachten ausarbeiten zu dürfen, welche Arbeit mich für einige Zeit nach Rom führte, genauer gesagt: nach Tivoli, dem großartigen alten Tibur, das mit seinen Ruinen an den Kaiser Hadrian erinnert. Aber nicht diese verfallenen Monumente waren der Gegenstand meiner Arbeit, sondern das andere Bauwerk, das Tivoli weltberühmt gemacht hat: die Villa d'Este und ihr Park mit den Wasserspielen. Franz Liszt hat sie in einem Klavierstück besungen, einer virtuosen Studie mit dem Titel ›Les jeux d'eaux à la Villa d'Este‹, dem vierten Stück des letzten Bandes der ›Années de Pélérinage‹, das zu bekannt ist, zu oft gespielt, als daß man noch merkte, wie kühn und seiner Zeit vorausgreifend Liszt da geschrieben hat. Franz Liszt hat hier einige Jahre gewohnt, woran eine kleine Tafel – von patriotischen Ungarn angebracht – im Vorhof der Villa erinnert; 1869 ist er aus seiner Wohnung am Monte Mario in die größere Stille von Tivoli heraufgezogen. Weniger bekannt sind die beiden anderen Klavierstücke, in denen Liszt seine Impressionen aus Tivoli verarbeitet hat. Beide heißen ›Aux cyprés de la Villa d'Este‹, das zweite davon beginnt wie das ›Tristan‹-Vorspiel Wagners oder fast so, jedenfalls erinnern die Eingangstakte an den berühmten und rätselhaften ›Tristan‹-Akkord, der die bis dahin geltende Harmonielehre umgeworfen hat. Die Stücke sind 1869 und 1877 geschrieben, nach dem ›Tristan‹ Wagners, aber man hat herausgefunden, daß Liszt wiederum mehr als zehn Jahre vor dem ›Tristan‹ jene enigmatische Harmonienfolge in der Klavierbegleitung eines Liedes verwendet hat. Aber das alles hatte nichts mit meinem Gutachten zu tun, meine Arbeit hatte ungleich konkretere Dinge zum Gegenstand.

Franz Liszt war übrigens in Tivoli Gast jenes seltsamen Prinzen Gustav Adolf von Hohenlohe-Schillingsfürst, der trotz seines nahezu fanfarisch protestantischen Vornamens Kardinal der römischen Kirche, später Bischof von Albano und Erzpriester von Santa Maria Maggiore war. Kardinal Gustav Adolf war an Kunst, Politik und Aeronautik interessiert. Er war der jüngste Bruder des späteren Reichskanzlers Chlodwig Fürst Hohenlohe und sollte nach Bismarcks Willen preußischer Gesandter am Vatikan werden, was am Einspruch des Papstes scheiterte. Als junger Monsignore lernte Prinz Hohenlohe – das war 1856 – einen ebenfalls jungen Schweizer Maler kennen, der sich in Rom damit durchfrettete, daß er nach Postkarten romantische Ansichten für amerikanische Touristen malte.

Den Monsignore und den Maler verband eine verrückte Leidenschaft: das Fliegen. Der Maler konstruierte – lang vor Otto Lilienthal – einen Flugapparat, und der Monsignore erwirkte bei Papst Pius IX. die Erlaubnis, daß er in der großen Halle der päpstlichen Reitschule ausprobiert werden durfte. Über das Ergebnis dieser Flugversuche ist nichts bekannt, nur, daß die damals immer noch mächtige Inquisition Wind davon bekam und einen Haftbefehl gegen den hexerischen Maler erwirkte, der aus Rom fliehen mußte. Der Maler hieß Arnold Böcklin. Die Flugleidenschaft verließ Böcklin zeitlebens nicht. Noch 1886, als der nun schon berühmte Böcklin nach Berlin zu einem Vortrag eingeladen wurde, sprach der Meister zur Enttäuschung des herbeigeeilten kunstsinnigen Publikums nicht über seine Bilder oder die Stanzen Raffaels oder über die Malerei überhaupt, sondern über ›Die Lösung des Flugproblems‹. Otto Lilienthal baute seinen ersten Segelgleiter fünf Jahre später. Er finanzierte, was heute niemand mehr weiß, seine Flugversuche aus der Herstellung des von ihm erfundenen Steinbaukastens für Kinder.

So ketten sich die Dinge in der Kulturgeschichte aneinander, aber auch das war nicht meine Aufgabe in dem Gutachten, wenngleich ich mit

»Steinen« der Sache schon näher komme. Aber eines muß ich doch noch erwähnen: ein anderer Bruder des Kardinals Hohenlohe, Prinz Constantin von Hohenlohe-Schillingsfürst, heiratete die älteste Tochter jener Prinzessin Carolyne von Sayn-Wittgenstein, geborene Iwanowska, deretwegen Franz Liszt nach Rom gekommen war: um ihre Ehescheidung zu betreiben, was aber nicht gelang. Fünfzehn Jahre bemühten sich die beiden bei den vatikanischen Behörden, alles umsonst. Dann ließ sich Liszt zum Abbé weihen. Hernach starb Carolynes Mann, der Weg zur Ehe wäre frei gewesen, wenn nicht Liszt inzwischen die niederen Weihen erhalten hätte. So webt alles hin und her, wie der ›Tristan‹-Akkord, hat aber immer noch nichts mit meinem Auftrag zu tun, und mein Auftrag hat nichts mit der Geschichte zu tun, die ich hier erzählen will, nur insofern, als ich in Tivoli in dem Zusammenhang zu tun hatte, aber – weil ich das Nützliche mit dem Angenehmen verbinden wollte – nicht in Tivoli, sondern in Rom wohnte. Ich fuhr etwa jeden zweiten oder dritten Tag mit dem Omnibus, der an der Piazza del Cinquecento vor dem Bahnhof Termini abfährt, nach Tivoli hinauf, was ungefähr fünfzig Minuten in Anspruch nimmt.

Der alte Mann fiel mir schon bei der ersten Fahrt auf. Der Omnibus stand stinkend, ratternd, abfahrbereit und umweltverschmutzend im Schatten einiger verstaubter Bäume. Der Fahrer plauderte noch mit ein paar anderen Fahrern seitwärts an einem kleinen Kiosk, warf aber schon seine Zigarette weg und drückte mit einer drehenden Bewegung des Fußes die Glut aus. Ich stieg ein. Der alte Mann in einem dunkelbraunen Anzug saß schon auf einem der hinteren Sitze. Die abgeschabten Sitze des Omnibusses, das einerseits grelle, andererseits durch die schmutzigen, wohl höchstens einmal im Jahr gewaschenen Scheiben in eine Art Staubgrell gefilterte Licht rückten alles, was im Omnibus war, in eine schäbige Dimension. Aber auch dies berücksichtigt, war der Anzug des Alten abgetragen. Wenn einer, dachte ich mir, bei so einer Hitze einen dunkelbraunen Anzug aus sichtlich schwerem Stoff trägt, dann hat er keinen anderen. Aber darin mochte ich mich täuschen. Nur uns Nordlingen erscheint die Hitze als Feind, dem man mit Netzhemden und kurzen Hosen begegnet. In Rom habe ich oft Leute, namentlich alte Herren, gesehen, die der Hitze als willkommenem Gast in korrekter Kleidung entgegentreten. Vielleicht gehörte der Alte dazu, denn er trug zu seinem abgewetzten, aber sauberen und keineswegs speckigen Anzug eine Weste, die er ja fortlassen hätte können, wenn es ihm zu heiß gewesen wäre, und seltsamerweise einen tadellosen braunen Homburg. Das alles fiel mir aber erst in zweiter Linie auf, in erster Linie: die Freundlichkeit des alten Gesichtes.

Der Alte – oder besser gebührt ihm die Anrede: der alte Herr – saß während der ganzen Fahrt freundlich um sich blickend in dem Omnibus, stand, obwohl einige weit Jüngere saßen, auf, als der Bus nach einigen Haltestellen auf der staubigen, hitzeglühenden, von Autowrack-Halden und weiter draußen von den schluchtengleichen Travertinbrücken gesäumten Via Tiburtina ziemlich voll wurde und auch eine Nonne einstieg, die hinkte und an einem Stock ging, stand auf, um der Nonne seinen Platz anzubieten. Der alte Herr stand dann da, er war größer als die meisten Römer sonst, blickte freundlich, aber auch – ich erfuhr später, daß ich mich in dieser Beobachtung nicht getäuscht hatte – spähend über die Köpfe der Passagiere.

In Tivoli an der Endstation stieg er aus. Ich wandte mich hinunter zur Villa d'Este. Die Villa und die Wasserspiele wurden im 16. Jahrhundert errichtet. Jetzt schreiben wir das 20. Jahrhundert. In den vierhundert Jahren hat das Wasser, das zwar nicht Jahr und Tag, aber doch zu den meisten Zeiten läuft, alles verändert, was ihm erreichbar ist. Das zu untersuchen, war, aber ich will mich dabei nicht aufhalten, mein Auftrag. Es drehte sich dabei nicht um die eigentlichen unterirdischen oder im Mauerwerk liegenden Wasserleitungen, die selbstverständlich immer wieder mit langen, biegsamen Drähten gereinigt und ab und zu ersetzt werden müssen, sondern um das, grob gesprochen, Moos, das sich an allen Steinen angesammelt hat, und das zwar malerisch wirkt, aber die plastischen Kunstwerke, aus denen die Wasser hervorquellen, zum Teil bis zur Unkenntlichkeit verdeckt, was sicher so nicht von den Erbauern dieses weltberühmten Gartenkunstwerks gewollt war. Es ist letzten Endes eine Frage des Geschmacks: ob wir die sozusagen reine Gestalt eines Kunstwerkes dokumentarisch erhalten oder wiedererhalten wollen oder ob uns der Sekundäreffekt dessen, was die Zeit dazwischen hinzugefügt hat, besser behagt. Soll das Kolosseum wieder aufgebaut, sollen die Fresken in der Sistina gereinigt werden?« Die Fresken in der Sistina werden inzwischen in der Tat gereinigt, und an Stelle der gewohnten mystischen Dunkelheit treten erschreckend fremdartige Farben hervor. Das Kleid mancher Sibylle erinnert nicht mehr an die Zwischentöne der Unterwelt, sondern eher an das Pistazien- oder Erdbeer-Gelati, das draußen am Kiosk verkauft wird. Man wird sich daran gewöhnen müssen. Manche Kulturhistoriker fürchten sich vor dem Moment, da das ›Jüngste Gericht‹ in der Sistina gereinigt ist. Wahrscheinlich werden ganze Berge kunsthistorischer Deutungen Makulatur. Ist ihnen auch wieder zu gönnen.

Meine seltene wissenschaftliche Fächerverbindung Botanik/Kunstgeschichte und die Tatsache, daß ich auch Bauingenieur bin, hat den Kulturfonds veranlaßt, mich damit zu beauftragen, ein Gutachten zu erstellen und gegebenenfalls vorzuschlagen, wie die wasserspeienden Skulpturen im Garten der Villa d'Este vom Moos der Jahrhunderte befreit werden sollen und können. Man wundert sich, wofür alles noch Geld ausgegeben wird. Ich sage nichts dazu, denn mir hat das einen angenehmen Aufenthalt in Rom und in Tivoli gebracht, und wenn auch nicht die Bekanntschaft mit jenem freundlichen alten Herrn, so doch die Bekanntschaft mit seiner merkwürdigen Geschichte.

Ich muß nun einräumen, daß ich den alten Herrn bei der ersten Fahrt nach Tivoli hinauf vielleicht nicht so genau beobachtet, wie ich es hier geschildert habe, sicher aber bei der zweiten Fahrt, denn ich sah ihn wieder, als ich gegen fünf Uhr abends zurück nach Rom fuhr. Wieder saß er schon im Omnibus, der, im Leerlauf rüttelnd und Gestank und Ruß von sich strömend, an der Endstation stand. Der Fahrer kam eben von einer Cafeteria herüber, als ich einstieg.

Ich sah den alten Herrn fast in jedem Omnibus, wobei ich nicht immer denselben Kurs zu einer bestimmten Uhrzeit nahm. Manchmal fuhr ich erst gegen Mittag hinauf, manchmal sogar erst nachmittags, es kam vor, daß ich mittags schon wieder nach Rom fuhr oder erst den letzten Kurs in der Nacht nahm. Immer sah ich den alten Herrn, immer trug er den dunkelbraunen Anzug mit Weste und den braunen Homburg. Einmal, als das Wetter unsicher war, trug er einen gerollten Mantel unter dem Arm. Nie sprach er mit jemandem, nie las er Zeitung oder ein Buch, immer blickte er freundlich. Nicht immer saß er in dem Omnibus, in dem ich fuhr. Eines Tages – er ging mir schon ab – sah ich ihn zufällig, und zwar im Gegenkurs, der gerade auf der anderen Seite der Straße hielt. Manchmal stieg er an der Endstation – in Rom oder in Tivoli – ein, wenn ich ausstieg, oder umgekehrt.

»Er ist ein Ausländer«, sagte der Omnibusfahrer und machte eine wischende Handbewegung vor der Stirn. »Aber wer weiß, wie unsereins im Alter wird.« Das war etwa in der vierten Woche meines Aufenthaltes in Rom und meiner Fahrten nach Tivoli. Die Polizeigewerkschaft hatte zu einem einstündigen Streik aufgerufen. Alle Ampeln, auch die hier in der ungepflegten roten Vorstadtwüste, waren eine Stunde lang auf Stop gestellt. Das Verkehrschaos war selbst für römische Begriffe ungeheuer. Nach einigen Minuten begannen Taxifahrer und Lastwagen bei Rot über

die Kreuzung zu fahren, nach einer Viertelstunde
war alles weit und breit mit einem Teppich aus
siedendem und flimmerndem Blech auf Rädern
bedeckt, kein Fahrzeug kam mehr vorwärts oder
rückwärts, es entstand eine Stimmung, gemischt
aus danteskem Inferno und fatalistischem Volks-
fest. Ein Polizist stand anfangs, stoisch auf das
Chaos blickend, an einem Zeitungsstand, ver-
drückte sich allerdings zur Vorsicht bald. Der
Omnibusfahrer bewahrte große Ruhe. Er stellte
ausnahmsweise den Motor ab, stieg aus und
ging in eine Bar, die in einem der großen roten
Häuser war, von denen man nicht weiß, ob
sie noch Bauruinen oder schon im Verfall begriffen sind. Die Passagiere – es waren auf dieser
Fahrt nicht viele – verschwanden nach und nach.
Einige, sah ich, nahmen ein Taxi, kamen aber
wohl auch nicht viel weiter. Einige machten sich
zu Fuß auf den Weg. Der alte Herr war nicht
in diesem Omnibus, er war oben in Tivoli ausgestiegen, als ich einstieg. Ich ging auch in die
Bar und kam mit dem Omnibusfahrer ins Gespräch.

»Ich selber«, sagte er mir, »habe nie mit dem
verrückten Alten gesprochen, aber ein älterer
Fahrer, der schon viel länger auf dieser Strecke
fährt. Desiderio heißt er. Nicht der Alte – wie der
heißt, weiß man nicht. Der Fahrer heißt Desiderio.«

Ich lud den Omnibusfahrer zu einem weiteren Kaffee ein und auch zu einer Grappa, da erzählte er, daß der Alte – *il pazzo* – schon länger ständig auf der Strecke hin- und herfahre zwischen Rom und Tivoli, als der älteste Fahrer, nämlich Desiderio, den Kurs befahre. Früher, habe Desiderio erfahren, sei hier gar kein Omnibus gegangen, früher habe es eine Straßenbahn zwischen Rom und Tivoli gegeben, das sei viele Jahre her, vielleicht dreißig Jahre. Und auch da sei der Alte immer hin- und hergefahren, damals mit der Straßenbahn. Wovon er lebe? Das habe man natürlich nicht herausgefunden, das heißt: doch, einmal habe ihn ein anderer Fahrer, ein gewisser Lorenzo – der mit dem halben rechten Ohr –, auf der Piazza del Popolo gesehen, wie er Lose für die Lotteria di Monza verkauft habe. Das sei spät abends gewesen, nach dem letzten Kurs nach Tivoli. Aber davon, sagte der Fahrer und schüttelte den Kopf, kann er nicht leben. Von den paar Losen, die er verkauft, wenn er sein Geschäft nur in späten Abendstunden betreibt. Ja – er sei ein Ausländer. Was für ein Ausländer? Das habe Desiderio nicht gefragt. Jedenfalls kann er aber Italienisch – na ja, wenn er schon länger als dreißig Jahre hier zwischen Rom und Tivoli hin- und herfährt ... obwohl, davon allein lernt man nicht Italienisch. Warum er da hin- und herfährt? Um *sie* wiederzutreffen. Der Fahrer lachte und schaute durch das große Fenster hinaus, aber die Autos und Lastwagen standen nach wie vor hoffnungslos verkeilt um den Omnibus herum, und inzwischen war selbst das, was als Bürgersteig in diesem Viertel galt, voll mit Autos. Ein mit Travertinblöcken beladener Lastzug war bis zwischen die Tische vor dem Café gefahren, kam aber dann nicht weiter, weil der Zeitungskiosk im Weg stand. Der Auspuff des Lastzugs stank direkt in die Ventilation des Cafés, bis der Wirt nach längerem Palaver den Lastwagenfahrer dazu bewegen konnte, den Motor abzustellen.

»Ja ... um *sie* wiederzutreffen. Damals, vor mehr als dreißig Jahren, vor vierzig Jahren vielleicht, im Krieg – vielleicht ist der Alte ein ehemaliger deutscher Soldat, oder auch ein amerikanischer – hat er – das hat er jedenfalls dem Desiderio erzählt, allerdings mit Tränen in den Augen – ein junges Mädchen in der Trambahn getroffen, ein junges, dunkelhaariges Mädchen in einer weißen Bluse mit weiten Ärmeln und einem schwarzen Rock. Ja. Und wie das Mädchen ausgestiegen war, kam es ihm plötzlich, daß es – ja, wie soll man sagen, ich weiß nicht, wie sich der Alte ausgedrückt hat, Desiderio wüßte es besser –, daß es die Frau seines Lebens ist. Er wollte ihr nach, aber die Trambahn war schon weitergefahren. Der Alte – der damals natürlich noch nicht alt war – ist bei der nächsten Haltestelle ausgestiegen, oder sogar vorher schon bei einer Gelegenheit, wo die Bahn langsamer fuhr, ist abgesprungen und zurückgelaufen, aber das Mädchen war natürlich nicht mehr da. Dann ist er am nächsten Tag zur selben Zeit die Strecke gefahren – und am übernächsten Tag auch, und dann ist er immer gefahren, wochenlang, Monate, im Sommer und im Winter, die ganzen Jahre. Dann ist die Trambahn eingestellt und durch eine Omnibuslinie ersetzt worden ... dann ist er mit dem Omnibus gefahren, hin und her, und her und hin.«

Der Fahrer schaute wieder hinaus. Es rührte sich nichts. Der Fahrer lachte, weil ein kleiner Lieferwagen versuchte, zwischen dem Travertinlastzug und der Fensterscheibe des Cafés durchzukommen, obwohl man da nicht einmal ein Fahrrad durchschieben konnte. Der Zeitungshändler vom Kiosk schimpfte wild auf einen Tanklasterfahrer ein, der auf der anderen Seite das kleine Häuschen fast eindrückte.

»Her und hin, her und hin«, sagte der Fahrer und fügte sachlich hinzu, als ob es für die Geschichte wichtig sei – aber vielleicht ist das wichtig vom omnibusfahrerischen Gesichtspunkt aus: »Er hat natürlich eine Monatskarte. *So* verrückt ist er auch wieder nicht.«

Nach zwei Stunden machte ich mich auch zu Fuß auf den Weg. Es war dämmrig geworden und etwas kühler. Tosende und gellende Hupsignale zerrissen die Luft, die Via Tiburtina ist kein schöner Spazierweg, aber was blieb mir anderes übrig. Als ich schon nahe am Campo Varano war, löste sich langsam das Chaos. Ich nahm ein Taxi.

Ich blieb noch etwa zwei Wochen und sah den alten Herrn oft. Ich überlegte hin und wieder, ob ich ihn ansprechen solle, aber ich schämte mich, daß ich sein Geheimnis kannte. Einmal grüßte ich ihn, er grüßte freundlich zurück. Wahrscheinlich, überlegte ich, würde er *sie* überhaupt nicht mehr erkennen, selbst wenn es der Zufall mit sich brächte, daß sie im selben Omnibus fahre. Oder: vielleicht ist sie im selben Omnibus gefahren, und er hat sie nicht erkannt? Oder ist die Seele, wenn man das fertigbringt, wie der alte Herr da, ist die Seele dann so stark, daß man *sie* jedenfalls wiedererkennt, selbst wenn *sie* inzwischen eine alte Frau geworden ist? Oder ist dies gar keine Seelenstärke mehr, wäre es die eigentliche Seelenstärke, mit dem Hin- und Herfahren aufzuhören?

In der Reihe der hundert Brunnen, die abwechselnd aus steinernen Lilien, Obelisken und kleinen Barken bestehen, habe ich einen Obelisken vom Moos und von den Flechten befreit. Es war nicht einmal sehr viel Mühe. Jetzt steht dieser kleine Obelisk wie nackt da unter seinen ganzen grün bekleideten Genossen. Mit der Zeit aber wird auch ihn das Moos wieder überziehen, denn ich bin sicher, daß man meinem Gutachten, in dem ich vorschlage, das Grünzeug abzukratzen und aus kunsthistorischen Gründen den ursprünglichen Zustand wiederherzustellen, nicht folgen wird. Die Kosten – ich habe sie errechnet – wären nicht hoch, aber mein Gutachten, hat man mir gesagt, war so teuer, daß der diesbezügliche Etat erschöpft ist. Wer weiß, wofür es gut ist.

DORIS LESSING

# Wein

Ein Mann und eine Frau spazierten von einem kleinen Hotel in einer Seitenstraße in die Richtung des Boulevards.

Die Bäume waren noch ohne Blätter, schwarz, frierend; aber die zarten Zweige sprossen dem Frühling entgegen, so daß man beim Hinaufblicken das erste schimmernde Grün erwartete. Doch noch war alles ruhig und der Himmel von einem ruhigen klassischen Blau.

Das Paar ließ sich langsam dahintreiben. Sich anzustrengen schien nach den Tagen des Müßiggangs unmöglich; beinahe sofort gingen sie in ein Café und ließen sich wie Erschöpfte in dem verglasten Raum nieder, der in die Straße hineinragte. Das Lokal war leer. Die Leute suchten zum Mittagessen die Restaurants auf. Doch nicht alle: Den Vormittag über hatten Scharen von Menschen demonstriert, ein Zug war gerade vorbeigekommen, und man konnte das Ende noch sehen. Geräusche von Gewalttätigkeiten, Kampfparolengeschrei und lautes Singen übertönten nicht mehr den Verkehrslärm von Paris; diese Geräusche aber waren es gewesen, die das Paar aus dem Schlaf gerissen hatten.

Ein Kellner lehnte an der Tür und schaute der Menge nach, nur widerstrebend nahm er die Kaffeebestellung entgegen.

Der Mann gähnte, die Frau wurde davon angesteckt; und sie lachten mit einem vorgetäuschten Schuldgefühl und tauschten Blicke aus, bevor sich ihre Augen ohne Bedauern wieder trennten. Als der Kaffee kam, blieb er unberührt. Keiner von ihnen sprach. Nach einen Weile gähnte die Frau wieder; und diesmal wandte sich der Mann um und blickte sie tadelnd an, und sie blickte zurück. Nun, da die Begierde schlummerte, schauten sie sich an. So war es immer: Während ihre Triebe schliefen, ließen sie sich gegenseitig eine traurige Ironie gefallen; sie konnten sich ohne Illusionen anschauen, ruhig und fest.

Und unausweichlich wuchs dann die Traurigkeit in ihr, bis sie sich bewußt dagegen wehrte; und ihn überkam ein Anflug von Grausamkeit.

»Deine Nase könnte gepudert werden«, sagte er.

»Du brauchst einen Sündenbock.«

Aber er entzog sich immer der Traurigkeit. Sie zuckte mit den Schultern und wandte sich ab, um hinauszublicken, überließ ihn sich selbst. Auch er blickte hinaus. Am Ende des Boulevards entstand eine schwache Bewegung, wie von aufgescheuchten Ameisen, und sie hörte, wie er murmelte: »Ja, und es geht noch weiter ...«

Sie spottete: »Nichts ändert sich, alles bleibt gleich . . .«

Doch er war errötet. »Ich erinnere mich«, begann er mit verändertem Ton. Er hielt inne, und sie drängte ihn nicht, denn er starrte auf die entfernten Demonstranten mit einem bitteren, wehmütigen Gesichtsausdruck.

Draußen ließen sich die Liebenden, die Ehepaare, die Studenten, die alten Leute vorbeitreiben. Dort die nackten Bäume; dort der blaue ruhige Himmel. In einem Monat stünden die Bäume in sattem Grün da; die Sonne verströmte Hitze; die Leute würden lachen, wären braun und leicht gekleidet. Nein, nein, sagte sie sich bei dieser Vorstellung lebendigen Treibens, besser der Zustand von Traurigkeit. Und ganz plötzlich wallte ein Gefühl von Unglücklichsein in ihr hoch, schnürte ihr die Kehle zu, und sie war fünfzehn Jahre zurückversetzt in ein anderes Land. Sie stand in strahlend-hellem tropischem Mondlicht, streckte die Arme einer Landschaft entgegen, die ihr nur mit Schweigen antwortete; und dann lief sie einen Weg hinunter, auf dem kleine Steine grell unter ihren Füßen glitzerten, bis sie sich schließlich erschöpft auf eine Schwade glänzenden Grases fallen ließ. Fünfzehn Jahre.

In diesem Augenblick drehte sich der Mann abrupt um, rief nach dem Kellner und bestellte Wein.

»Was«, fragte sie erheitert, »jetzt schon?«

»Warum nicht?«

Einen Augenblick lang liebte sie ihn uneinge-
schränkt und wie eine Mutter, bis sie dieses trü-
gerische Gefühl verdrängte und ihn beobachtete,
wie er unruhig auf den Wein wartete, ihn dann
ausschenkte und die beiden Gläser neben die
noch randvollen Kaffeetassen vor sie hinstellte.
Aber wieder erinnerte sie sich an jene Nacht,
beneidete das Mädchen in seiner Mondschein-
ekstase, das wie tollgeworden zwischen den
Bäumen umherlief in einem unsagbaren Verlangen nach – aber das war der springende Punkt.

»An was denkst du gerade?« fragte er, noch ein
wenig grausam.

»Och«, wehrte sie heiter ab.

»Das ist die Schwierigkeit, das ist das Problem.« Er hob das Glas, warf ihr einen Blick zu
und stellte es ab. »Willst du nicht trinken?«

»Noch nicht.«

Er ließ das Glas unberührt stehen und begann
zu rauchen.

Diese Augenblicke verlangten nach irgendeiner
Geste – geringfügig, beiläufig vielleicht, aber doch
ein Anerkennen der beiden getrennten Wesen,
aus denen jeder von ihnen bestand; das eine vielleicht zu sehen als das sanft starrende, nie sich
schließende Auge, beobachtend, stets beobachtend, mit erschöpftem Mitgefühl; das andere als

etwas Gewaltsames, das immer weiter kämpfte im Kreislauf von Begehren und Ausruhen, von Schaffen und Vollendethaben.

Er machte die Geste. Wieder trafen sich ihre Blicke mit jener ernsten Ironie, bevor er sich abwandte und mit den Fingern gereizt gegen den Tisch schnippte; und sie wandte sich ebenfalls ab, um die schwarzen Zweige wahrzunehmen, in denen der Saft pochte.

»Ich erinnere mich«, begann er; und wieder wehrte sie ab: »Ach, was!«

Er besann sich eines anderen. »Liebling«, sagte er ganz trocken, »du bist die einzige Frau, die ich jemals geliebt habe.« Sie lachten.

»Es muß diese Straße hier gewesen sein. Vielleicht dieses Café – bloß verändern die sich so. Als ich gestern zurückging, um mir das Lokal anzusehen, das ich jeden Sommer aufsuchte, war es eine *Patisserie* geworden, und die Besitzerin erinnerte sich nicht an mich. Wir waren eine richtige Clique – wir gingen überall zusammen hin – ich habe, glaube ich, hier zum ersten Mal ein Mädchen kennengelernt. Es gab allgemein bekannte Treffpunkte. Leute aus Wien oder Prag oder sonstwoher kannten die Lokale – dieses Café hier kann es nicht gewesen sein, es sei denn, sie hätten es herausgeputzt. Damals hatten wir nicht das Geld für soviel Leder und Chrom.«

»Erzähl weiter.«

»Immer wieder fällt sie mir ein, aus irgendeinem Grund. Seit Jahren habe ich nicht mehr an sie gedacht. Sie war wohl so um die sechzehn. Sehr hübsch – nein, da irrst du dich gewaltig. Wir haben zusammen studiert. Sie brachte immer ihre Bücher mit auf mein Zimmer. Ich mochte sie, aber ich hatte mein eigenes Mädchen, nur studierte die etwas anderes, ich habe vergessen, was.« Er machte wieder eine Pause, und wieder war sein Gesicht in sehnsüchtiger Erinnerung verzerrt, und unwillkürlich blickte sie über die Schulter die Straße hinunter. Der Demonstrationszug war verschwunden, nicht einmal von ferne waren Gesang oder Geschrei zu hören.

»Ich erinnere mich an sie, weil . . .« Und nach einem gedankenverlorenen Schweigen: »Wenn eine Jungfrau kommt und sich nackt anbietet, vielleicht ist es immer ihr Schicksal, zurückgewiesen zu werden.«

»Was!« rief sie erschreckt aus. Auch Wut regte sich in ihr. Sie bemerkte es und seufzte: »Weiter.«

»Ich habe nie mit ihr geschlafen. Wir haben den Sommer über zusammen studiert. Dann an einem Wochenende machten wir uns alle gemeinsam auf. Natürlich hatte keiner von uns Geld, also haben wir uns an den Straßenrand gestellt und sind getrampt und haben uns dann in irgendeinem Dorf wiedergetroffen. Ich hatte damals mein eigenes Mädchen dabei; an diesem Abend halfen wir dem Bauern als Gegenleistung, daß wir in seiner Scheune übernachten durften, die Ernte einzufahren, und da war nun dieses Mädchen, Marie, an meiner Seite. Der Mond schien, eine herrliche Nacht, wir sangen alle und flirteten miteinander. Ich küßte sie, doch das war alles. In der Nacht kam sie zu mir. Ich schlief oben auf dem Speicher mit einem anderen Burschen. Er war eingeschlafen. Ich schickte sie fort, zu den anderen hinunter. Sie lagen alle zusammen unten im Heu. Ich sagte ihr, sie sei zu jung. Aber sie war nicht jünger als mein Mädchen.« Er hielt inne; und noch nach all den Jahren war sein Gesichtsausdruck wehmütig und verwirrt. »Ich weiß nicht«, sagte er, »ich weiß nicht, warum ich sie fortgeschickt habe.« Dann lachte er. »Nicht, daß es wichtig wäre, glaube ich.«

»Schamloses Flittchen«, sagte sie. Der Zorn war jetzt stark. »Du hattest sie doch geküßt, nicht wahr?«

Er zuckte mit der Schulter. »Wir haben doch alle herumgealbert. Es war eine himmlische Nacht – Äpfelpflücken, das Schimpfen und Fluchen des Bauern, weil wir mehr flirteten, sangen und Wein tranken als arbeiteten. Außerdem war es die Zeit des Jugendprotestes. Wir sahen Treue und Eifersucht und all diesen Kram als Überbleibsel einer bürgerlichen Moral an.« Er lachte wieder ziemlich gequält. »Ich habe sie geküßt.

Auf einmal war sie an meiner Seite, und sie wußte, daß mein Mädchen mich an dem Wochenende begleitete.«

»Du hast sie geküßt«, sagte sie vorwurfsvoll.

Er spielte mit dem Stiel seines Weinglases, blickte zu ihr hinüber und grinste. »Ja, Liebling«, sagte er fast verklärt. »Ich habe sie geküßt.«

Sie fuhr ihn zornig an: »Da ist ein Mädchen, nur allzu bereit zur Liebe. Zum Arbeiten nutzt du sie aus. Dann küßt du sie. Du weißt ganz genau . . .«

»Was weiß ich ganz genau?«

»Es war grausam, so etwas zu tun.«

»Ich war selbst noch ein Junge . . .«

»Egal.« Sie merkte bestürzt, daß sie beinahe weinte. »Mit ihr zu arbeiten! Mit einem Mädchen von sechzehn Jahren den ganzen Sommer hindurch zu arbeiten!«

»Aber wir haben alle ernsthaft studiert. Sie ist später Ärztin in Wien geworden. Es gelang ihr herauszukommen, als die Nazis einmarschierten, aber . . .«

Sie unterbrach ihn ungeduldig: »Du hast sie also geküßt in *jener* Nacht. Stell sie dir vor: Sie hat gewartet, bis die anderen eingeschlafen sind, ist dann die Leiter zum Speicher hinaufgeklettert, voller Angst, die anderen könnten aufwachen, blieb dort stehen und beobachtete, wie du schliefst, zog langsam ihr Kleid aus und . . .«

»Nein, ich schlief gar nicht. Ich tat nur so. Sie kam angezogen herauf. In Shorts und Pullover – unsere Mädchen trugen keine Kleider und malten sich die Lippen nicht an – das war auch bürgerlich. Ich beobachtete, wie sie sich auszog. Der Speicher war voller Mondlicht. Sie legte ihre Hand über meinen Mund und legte sich neben mich.« Wieder war sein Gesicht von wehmütigem Erstaunen erfüllt. »Gott weiß warum, ich kann es selbst nicht verstehen. Sie war ein schönes Geschöpf. Ich weiß nicht, warum ich mich daran erinnere. Es kommt mir in den letzten Tagen dauernd in den Kopf.« Nach einer Pause, in der er das Weinglas langsam herumdrehte: »Ich bin ein Versager in allerlei Dingen, aber nicht bei . . .« Er hob schnell ihre Hand hoch, küßte sie und sagte aufrichtig: »Ich weiß nicht, warum ich mich jetzt daran erinnere, wo doch . . .« Ihre Blicke trafen sich, und sie seufzten.

Sie sagte bedächtig, ihre Hand lag in der seinen: »Und so hast du sie also abgewiesen.«

Er lachte. »Am nächsten Tag sprach sie nicht mit mir. Sie fing eine Liebesaffäre mit meinem besten Freund an – dem Mann übrigens, der in jener Nacht neben mir auf dem Speicher gelegen hatte. Sie haßte mich wie die Pest, und ich glaube, sie hatte recht.«

»Stell dir sie einmal vor. Stelle dir sie in jenem Augenblick vor. Sie rafft ihre Kleider zusammen, wagt kaum, dich anzusehen . . .«

»Um die Wahrheit zu sagen, sie war wütend. Sie gab mir alle Schimpfnamen, die ihr einfielen; ich mußte ihr immer wieder sagen, sie solle den Mund halten, sie würde sonst die ganze Gruppe aufwecken.«

»Sie kletterte die Leiter hinunter und zog sich im Dunkeln wieder an. Dann verließ sie die Scheune, es war ihr unmöglich, zu den anderen zurückzukehren. Sie lief in den Obstgarten. Der Mond leuchtete noch immer hell. Alles war ruhig und verlassen, und sie erinnerte sich, wie ihr gesungen, gelacht und geflirtet hattet. Sie ging zu dem Baum, wo du sie geküßt hattest. Das Mondlicht glänzte auf den Äpfeln. Sie wird das nie vergessen, niemals, niemals.«

Er blickte sie neugierig an. Die Tränen liefen ihr übers Gesicht.

»Es ist schrecklich«, sagte sie. »Schrecklich. Nichts könnte das je wieder gutmachen. Nichts, solange sie lebt. Genau in dem Augenblick, wo alles ganz vollkommen ist, wird sie sich, und zwar ihr Leben lang, plötzlich an jene Nacht erinnern, wie sie so allein dastand, keine Seele weit und breit, nichts als das verdammte, nichtssagende Mondlicht . . .«

Er blickte sie scharf an. Dann, mit so etwas wie einer drollig flehenden Grimasse, beugte er sich vor, küßte sie und sagte: »Liebling, es ist nicht meine Schuld, es ist einfach nicht meine Schuld.«

»Nein«, sagte sie.

Er reichte ihr das Weinglas; und sie hob es hoch, blickte auf die kleine karminrote Halbkugel der wärmenden Flüssigkeit und trank mit ihm.

# KETO VON WABERER

# Zwingende Natur

Die Etruskermaus, ein winziges, quirliges Fell-
bündel, muß alle halbe Stunde Nahrung aufneh-
men, sonst verfällt sie in eine Art Schutzohn-
macht, um Kräfte zu sparen. Ißt sie nicht pünktlich, muß sie sterben. Das alles unter der Erde,
wohlgemerkt, dort, wo sie ein eventuelles Regen-
wurmmahl gottlob schon von weitem kommen
hört.

Nun gibt es Menschen, die in der Dringlichkeit
ihrer leiblichen Bedürfnisse an diese Maus erinnern. Meine Freundin Ulrike etwa ist auf Reisen
keine so rechte Freude, weil sie, wenn sie einmal
verkündet hat, sie habe Hunger, diesen auf der
Stelle stillen muß, sonst ist mit ihr nicht mehr
auszukommen. In welchen Spelunken haben wir
schon einkehren müssen, um uns hastig einen
ranzigen Hamburger zwischen die Kiefer zu
schieben, weil sonst für Ulrike und uns die Welt
untergegangen wäre. Gegensteuern oder das Ver-
abreichen von Keksen ist völlig sinnlos und stei-
gert nur Ulrikes Raserei.

Egon hingegen kann Bedürfnisse ganz anderer
Natur keine Sekunde aufschieben. Er behauptet,
das käme von einem schweren Darmfieberanfall,

dem er in Zentralasien einmal fast zum Opfer gefallen sei. In New York, im Lift des Empire State Building, wäre es fast passiert. Egon hatte bereits im ersten Stock geäußert, er müsse sich baldmöglichst entleeren. Wir, seine Freunde, sahen nervös zu, wie langsam die Stockwerke vorbeizugleiten schienen. Wir waren unterwegs zum »Rainbow Room«!

Im 12. Stock betrat ein Hausmeister mit Leiter den Lift und wollte eine Birne auswechseln, wir drängten ihn wortlos hinaus. Im 25. Stock schob jemand umständlich einen Herrn im Rollstuhl zu uns herein. Als er unsere bösen Mienen sah, wollte er plötzlich wieder hinausgeschoben werden. Wir haben das verhindert. Kurz, wir kamen völlig zermürbt oben an – noch rechtzeitig! Aber es war »a close shave«, wie Egon sich ausdrückte. Armer Egon – und doch ist es eine Last mit solchen Zeitgenossen. Man neigt dazu, neben ihnen die eigenen Wünsche zu verdrängen. Habe *ich* jetzt auch Hunger? Muß *ich* jetzt auch aufs Häusel oder dergleichen. Das macht einen unwirsch.

Elke, deren Magen sehr deutliche Signale gibt, was er heute abend zum Essen wünscht, schleppt einen gnadenlos durch fremde Städte, um etwa ein japanisches Lokal zu finden – auch bei Bullenhitze oder Orkan. Das eine Mal, als sie auf »kaukasisch« reflektiert hatte und wir kurz vor dem Zusammenbruch italienisch aßen, war sie drei Tage ungenießbar. Auch Ilse ist im Süden so schwierig, weil sie immer gleich friert. Man muß auf der Terrasse schon um 21 Uhr die Zelte abbrechen, weil sie es sonst an der Blase kriegt, wie sie sagt. Ich halte das, unter uns, für eine leere Drohung. Ich glaube überhaupt, daß solche Leute subtil ihre Machtgelüste ausleben, und das immer auf Reisen – da sind ihnen die anderen ausgeliefert. Die gute Stimmung der Gruppe hängt von allen ab, wenn einer querschießt, haben auch die anderen Leute keinen gemütlichen Abend.

Wir wissen natürlich, daß es auch Herren gibt, die wieder einem anderen Drängen ihres Leibes rasch nachzukommen trachten, sollte dieses auftreten. Weder Sonnenbrand, Erschöpfung noch hellhörige Hotelwände können sie bremsen. Sie tun so, als würden sie ernstlich krank, verweigert man ihnen das, was sie so schmerzhaft deutlich begehren. »Männer sind eben so«, heißt es dann. »Ich kann doch nichts dafür.« Ja, dafür kann keine von diesen »Etruskermäusen«. Sie sind den zwingenden Naturgegebenheiten ihres Körpers ausgeliefert. Nur fragt man sich, ob man nicht selbst irgendwie minderwertig, duckmäuserisch und viel zu angepaßt ist, wenn man artig eine Stunde Hunger aushält, auch mal »polnisch« ißt, obwohl man von »hawaiianisch« träumte, auf der Autobahn bis zum nächsten Tankstellenklo warten kann und selbstverständlich später im Hotel den vom langen Fahren ausgelaugten Partner schlafen läßt. Obgleich man selber auf ein Schäferstündchen reflektiert hätte.

Eben kommt mein Freund Theo herein und schreit: »Los, wir gehen ins Kino. Ich muß heute ins Kino, komm schon!«

»Nein«, sage ich (ich wollte eigentlich auch ins Kino), »nein – null Bock auf Kino.« Denen werde ich's schon zeigen!

Heinrich Böll

# Die Waage der Baleks

In der Heimat meines Großvaters lebten die meisten Menschen von der Arbeit in den Flachsbrechen. Seit fünf Generationen atmeten sie den Staub ein, der den zerbrochenen Stengeln entsteigt, ließen sich langsam dahinmorden, geduldige und fröhliche Geschlechter, die Ziegenkäse aßen, Kartoffeln, manchmal ein Kaninchen schlachteten; abends spannen und strickten sie in ihren Stuben, sangen, tranken Pfefferminztee und waren glücklich. Tagsüber brachen sie den Flachs in altertümlichen Maschinen, schutzlos dem Staub preisgegeben und der Hitze, die den Trockenöfen entströmte. In ihren Stuben stand ein einziges, schrankartiges Bett, das den Eltern vorbehalten war, und die Kinder schliefen ringsum auf Bänken. Morgens waren ihre Stuben vom Geruch der Brennsuppen erfüllt; an den Sonntagen gab es Sterz, und die Gesichter der Kinder röteten sich vor Freude, wenn an besonders festlichen Tagen sich der schwarze Eichelkaffee hell färbte, immer heller von der Milch, die die Mutter lächelnd in ihre Kaffeetöpfe goß.

Die Eltern gingen früh zur Arbeit, den Kindern war der Haushalt überlassen: sie fegten die

Stube, räumten auf, wuschen das Geschirr und schälten Kartoffeln, kostbare gelbliche Früchte, deren dünne Schale sie vorweisen mußten, um den Verdacht möglicher Verschwendung oder Leichtfertigkeit zu zerstreuen.

Kamen die Kinder aus der Schule, mußten sie in die Wälder gehen und – je nach der Jahreszeit – Pilze sammeln und Kräuter: Waldmeister und Thymian, Kümmel und Pfefferminz, auch Fingerhut, und im Sommer, wenn sie das Heu von ihren mageren Wiesen geerntet hatten, sammelten sie die Heublumen. Einen Pfennig gab es fürs Kilo Heublumen, die in der Stadt in den Apotheken für zwanzig Pfennig das Kilo an nervöse Damen verkauft wurden. Kostbar waren die Pilze: sie brachten zwanzig Pfennig das Kilo und wurden in der Stadt in den Geschäften für eine Mark zwanzig gehandelt. Weit in die grüne Dunkelheit der Wälder krochen die Kinder im Herbst, wenn die Feuchtigkeit die Pilze aus dem Boden treibt, und fast jede Familie hatte ihre Plätze, an denen sie Pilze pflückte, Plätze, die von Geschlecht zu Geschlecht weitergeflüstert wurden.

Die Wälder gehörten den Baleks, auch die Flachsbrechen, und die Baleks hatten im Heimatdorf meines Großvaters ein Schloß, und die Frau des Familienvorstandes jeweils hatte neben der Milchküche ein kleines Stübchen, in dem Pilze, Kräuter, Heublumen gewogen und bezahlt wurden. Dort stand auf dem Tisch die große Waage der Baleks, ein altertümliches, verschnörkeltes, mit Goldbronze bemaltes Ding, vor dem die Großeltern meines Großvaters schon gestanden hatten, die Körbchen mit Pilzen, die Papiersäcke mit Heublumen in ihren schmutzigen Kinderhänden, gespannt zusehend, wieviel Gewichte Frau Balek auf die Waage werfen mußte, bis der pendelnde Zeiger genau auf dem schwarzen Strich stand, dieser dünnen Linie der Gerechtigkeit, die jedes Jahr neu gezogen werden mußte. Dann nahm Frau Balek das große Buch mit dem braunen Lederrücken, trug das Gewicht ein und zahlte das Geld aus, Pfennige oder Groschen und sehr, sehr selten einmal eine Mark. Und als mein Großvater ein Kind war, stand dort ein großes Glas mit sauren Bonbons, von denen, die das Kilo eine Mark kosteten, und wenn die Frau Balek, die damals über das Stübchen herrschte, gut gelaunt war, griff sie in dieses Glas und gab jedem der Kinder einen Bonbon, und die Gesichter der Kinder röteten sich vor Freude, so wie sie sich röteten, wenn die Mutter an besonders festlichen Tagen Milch in ihre Kaffeetöpfe goß, Milch, die den Kaffee hell färbte, immer heller, bis er so blond war wie die Zöpfe der Mädchen.

Eines der Gesetze, die die Baleks dem Dorf gegeben hatten, hieß: Keiner darf eine Waage im Hause haben. Das Gesetz war schon so alt, daß keiner mehr darüber nachdachte, wann und warum es entstanden war, und es mußte geachtet werden, denn wer es brach, wurde aus den Flachsbrechen entlassen, dem wurden keine Pilze, kein Thymian, keine Heublumen mehr abgenommen, und die Macht der Baleks reichte so weit, daß auch in den Nachbardörfern niemand ihm Arbeit gab, niemand ihm die Kräuter des Waldes abkaufte. Aber seitdem die Großeltern meines Großvaters als kleine Kinder Pilze gesammelt, sie abgeliefert hatten, damit sie in den Küchen der reichen Prager Leute den Braten würzten oder in Pasteten verbacken werden konnten, seitdem hatte niemand daran gedacht, dieses Gesetz zu brechen: fürs Mehl gab es Hohlmaße, die Eier konnte man zählen, das Gesponnene wurde nach Ellen gemessen, und im übrigen machte die altertümliche, mit Goldbronze verzierte Waage der Baleks nicht den Eindruck, als könne sie nicht stimmen, und fünf Geschlechter hatten dem auspendelnden schwarzen Zeiger anvertraut, was sie mit kindlichem Eifer im Walde gesammelt hatten.

Zwar gab es zwischen diesen stillen Menschen auch welche, die das Gesetz mißachteten, Wilderer, die begehrten, in einer Nacht mehr zu verdienen, als sie in einem ganzen Monat in der Flachsfabrik verdienen konnten, aber auch von diesen schien noch niemand den Gedanken gehabt zu haben, sich eine Waage zu kaufen oder eine zu basteln. Mein Großvater war der erste, der kühn genug war, die Gerechtigkeit der Baleks zu prüfen, die im Schloß wohnten, zwei Kutschen fuhren, die immer einem Jungen des Dorfes das Studium der Theologie im Prager Seminar bezahlten, bei denen der Pfarrer jeden Mittwoch zum Tarock war, denen der Bezirkshauptmann – das kaiserliche Wappen auf der Kutsche – zu Neujahr seinen Besuch abstattete, und denen der Kaiser zu Neujahr des Jahres 1900 den Adel verlieh.

Mein Großvater war fleißig und klug: er kroch weiter in die Wälder hinein, als vor ihm die Kinder seiner Sippe gekrochen waren, er drang bis in das Dickicht vor, in dem der Sage nach Bilgan, der Riese, hausen sollte, der dort den Hort der Balderer bewacht. Aber mein Großvater hatte keine Furcht vor Bilgan: er drang weit in das Dickicht vor, schon als Knabe, brachte große Beute an Pilzen mit, fand sogar Trüffeln, die Frau Balek mit dreißig Pfennig das Pfund berechnete. Mein Großvater trug alles, was er den Baleks brachte, auf die Rückseite eines Kalenderblattes ein: jedes Pfund Pilze, jedes Gramm Thymian, und mit seiner Kinderschrift schrieb er rechts daneben, was er dafür bekommen hatte, jeden Pfennig kritzelte er hin, von seinem siebten bis zu seinem zwölften Jahr, und als er zwölf war, kam das Jahr 1900, und die Baleks schenkten jeder

Familie im Dorf, weil der Kaiser sie geadelt hatte, ein Viertelpfund echten Kaffee, von dem, der aus Brasilien kommt; es gab auch Freibier und Tabak für die Männer, und im Schloß fand ein großes Fest statt; viele Kutschen standen in der Pappelallee, die vom Tor zum Schloß führt.

Aber am Tage vor dem Fest schon wurde der Kaffee ausgegeben in der kleinen Stube, in der seit fast hundert Jahren die Waage der Baleks stand, die jetzt Balek von Bilgan hießen, weil der Sage nach Bilgan, der Riese, dort ein großes Schloß gehabt haben soll, wo die Gebäude der Baleks stehen.

Mein Großvater hat mir oft erzählt, wie er nach der Schule dort hinging, um den Kaffee für vier Familien abzuholen: für die Cechs, die Weidler, die Vohlas und für seine eigene, die Brüchers. Es war der Nachmittag vor Silvester: die Stuben mußten geschmückt, es mußte gebacken werden, und man wollte nicht vier Jungen entbehren, jeden einzeln den Weg ins Schloß machen lassen, um ein Viertelpfund Kaffee zu holen.

Und so saß mein Großvater auf der kleinen, schmalen Holzbank im Stübchen, ließ sich von Gertrud, der Magd, die fertigen Achtelkilopakete Kaffee vorzählen, vier Stück, und blickte auf die Waage, auf deren linker Schale der Halbkilostein liegengeblieben war; Frau Balek von Bilgan war mit den Vorbereitungen fürs Fest beschäftigt.

Und als Gertrud nun in das Glas mit den sauren Bonbons greifen wollte, um meinem Großvater eines zu geben, stellte sie fest, daß es leer war: es wurde jährlich einmal neu gefüllt, faßte ein Kilo von denen zu einer Mark.

Gertrud lachte, sagte: »Warte, ich hole die neuen«, und mein Großvater blieb mit den vier Achtelkilopaketen, die in der Fabrik verpackt und verklebt waren, vor der Waage stehen, auf der jemand den Halbkilostein liegengelassen hatte, und mein Großvater nahm die vier Kaffeepaketchen, legte sie auf die leere Waagschale, und sein Herz klopfte heftig, als er sah, wie der schwarze Zeiger der Gerechtigkeit links neben dem Strich hängenblieb, die Schale mit dem Halbkilostein unten blieb und das halbe Kilo Kaffee ziemlich hoch in der Luft schwebte; sein Herz klopfte heftiger, als wenn er im Walde hinter einem Strauch gelegen, auf Bilgan, den Riesen, gewartet hätte, und er suchte aus seiner Tasche Kieselsteine, wie er sie immer bei sich trug, um mit der Schleuder nach den Spatzen zu schießen, die an den Kohlpflanzen seiner Mutter herumpickten – drei, vier, fünf Kieselsteine mußte er neben die vier Kaffeepakete legen, bis die Schale mit dem Halbkilostein sich hob und der Zeiger endlich scharf über dem schwarzen Strich lag. Mein Großvater nahm den Kaffee von der Waage, wickelte die fünf Kieselsteine in sein Sacktuch, und als Gertrud mit der großen Kilotüte voll saurer Bonbons kam, die wieder für ein Jahr reichen mußten, um die Röte der Freude in die Gesichter der Kinder zu treiben, als Gertrud die Bonbons rasselnd ins Glas schüttete, stand der kleine blasse Bursche da, und nichts schien sich verändert zu haben. Mein Großvater nahm nur drei von den Paketen, und Gertrud blickte erstaunt und erschreckt auf den blassen Jungen, der den sauren Bonbon auf die Erde warf, ihn zertrat und sagte: »Ich will Frau Balek sprechen.«

»Balek von Bilgan, bitte«, sagte Gertrud.

»Gut, Frau Balek von Bilgan«, aber Gertrud lachte ihn aus, und er ging im Dunkeln ins Dorf zurück, brachte den Cechs, den Weidlers, den Vohlas ihren Kaffee und gab vor, er müsse noch zum Pfarrer.

Aber er ging mit seinen fünf Kieselsteinen im Sacktuch in die dunkle Nacht. Er mußte weit gehen, bis er jemand fand, der eine Waage hatte, eine haben durfte; in den Dörfern Blaugau und Bernau hatte niemand eine, das wußte er, und er schritt durch sie hindurch, bis er nach zweistündigem Marsch in das kleine Städtchen Dielheim kam, wo der Apotheker Honig wohnte. Aus Honigs Haus kam der Geruch frischgebackener Pfannekuchen, und Honigs Atem, als er dem verfrorenen Jungen öffnete, roch schon nach Punsch, und er hatte die nasse Zigarre zwischen seinen schmalen Lippen, hielt die kalten Hände des Jungen einen Augenblick fest und sagte: »Na, ist es schlimmmer geworden mit der Lunge deines Vaters?«

»Nein, ich komme nicht um Medizin, ich wollte ...« Mein Großvater nestelte sein Sacktuch auf, nahm die fünf Kieselsteine heraus, hielt sie Honig hin und sagte: »Ich wollte das gewogen haben.« Er blickte ängstlich in Honigs Gesicht, aber als Honig nichts sagte, nicht zornig wurde, auch nicht fragte, sagte mein Großvater: »Es ist das, was an der Gerechtigkeit fehlt«, und mein Großvater spürte jetzt, als er in die warme Stube kam, wie naß seine Füße waren. Der Schnee war durch die schlechten Schuhe gedrungen, und im Wald hatten die Zweige den Schnee über ihn geschüttelt, der jetzt schmolz, und er war müde und hungrig und fing plötzlich an zu weinen, weil ihm die vielen Pilze einfielen, die Kräuter, die Blumen, die auf der Waage gewogen worden waren, an der das Gewicht von fünf Kieselsteinen an der Gerechtigkeit fehlte. Und als Honig, den Kopf schüttelnd, die fünf Kieselsteine in der Hand, seine Frau rief, fielen meinem Großvater die Geschlechter seiner Eltern, seiner Großeltern ein, die alle ihre Pilze, ihre Blumen auf der Waage hatten wiegen lassen müssen, und es kam über ihn wie eine große Woge von Ungerechtigkeit, und er fing noch heftiger an zu weinen, setzte sich, ohne dazu aufgefordert zu sein, auf einen der Stühle in Honigs Stube, übersah den Pfannekuchen, die heiße Tasse Kaffee, die die gute und dicke Frau Honig ihm vorsetzte, und hörte erst auf zu weinen, als Honig selbst aus dem Laden vorne zurückkam und, die Kieselsteine in der Hand schüttelnd, leise zu seiner Frau sagte: »Fünfeinhalb Deka, genau.«

Mein Großvater ging die zwei Stunden durch den Wald zurück, ließ sich prügeln zu Hause, schwieg, als er nach dem Kaffee gefragt wurde, sagte kein Wort, rechnete den ganzen Abend an seinem Zettel herum, auf dem er alles notiert hatte, was er der jetzigen Frau Balek geliefert hatte, und als es Mitternacht schlug, vom Schloß die Böller zu hören waren, im ganzen Dorf das Geschrei, das Klappern der Rasseln erklang, als die Familie sich geküßt, sich umarmt hatte, sagte er in das folgende Schweigen des neuen Jahres hinein: »Baleks schulden mir achtzehn Mark und zweiunddreißig Pfennig.« Und wieder dachte er an die vielen Kinder, die es im Dorf gab, dachte an seinen Bruder Fritz, der viele Pilze gesammelt hatte, an seine Schwester Ludmilla, dachte an die vielen hundert Kinder, die alle für die Baleks Pilze gesammelt hatten, Kräuter und Blumen, und er weinte diesmal nicht, sondern erzählte seinen Eltern, seinen Geschwistern von seiner Entdeckung.

Als die Baleks von Bilgan am Neujahrstage zum Hochamt in die Kirche kamen, das neue Wappen – einen Riesen, der unter einer Fichte kauerte – schon in Blau und Gold auf ihrem Wagen, blickten sie in die harten und blassen Gesichter der Leute, die alle auf sie starrten. Sie hatten im Dorf Girlanden erwartet, am Morgen ein Ständchen, Hochrufe und Heilrufe, aber das Dorf war wie ausgestorben gewesen, als sie hindurchfuhren, und in der Kirche wandten sich die Gesichter der blassen Leute ihnen zu, stumm und feindlich, und als der Pfarrer auf die Kanzel stieg, um die Festpredigt zu halten, spürte er die Kälte der sonst so stillen und friedlichen Gesichter, und er stoppelte mühsam seine Predigt herunter und ging schweißtriefend zum Altar zurück. Und als die Baleks von Bilgan nach der Messe die Kirche wieder verließen, gingen sie durch ein Spalier stummer, blasser Gesichter. Die junge Frau Balek von Bilgan aber blieb vorne bei den Kinderbänken stehen, suchte das Gesicht meines Großvaters, des kleinen blassen Franz Brücher, und fragte ihn in der Kirche: »Warum hast du den Kaffee für deine Mutter nicht mitgenommen?« Und mein Großvater stand auf und sagte: »Weil Sie mir noch so viel Geld schulden, wie fünf Kilo Kaffee kosten.« Und er zog die fünf Kieselsteine aus seiner Tasche, hielt sie der jungen Frau hin und sagte: »So viel, fünfeinhalb Deka, fehlen auf ein halbes Kilo an Ihrer Gerechtigkeit«; und noch ehe die Frau etwas sagen konnte, stimmten die Männer und Frauen in der Kirche das Lied an: »Gerechtigkeit der Erden, o Herr, hat Dich getötet . . .«

Während die Baleks in der Kirche waren, war Wilhelm Vohla, der Wilderer, in das kleine Stübchen eingedrungen, hatte die Waage gestohlen und das große, dicke, in Leder eingebundene Buch, in dem jedes Kilo Pilze, jedes Kilo Heublumen, alles eingetragen war, was von den Baleks im Dorf gekauft worden war, und den ganzen Nachmittag des Neujahrstages saßen die Männer des Dorfes in der Stube meiner Urgroßeltern und rechneten, rechneten elf Zehntel von allem, was gekauft worden – aber als sie schon viele tausend Taler errechnet hatten und noch immer nicht zu Ende waren, kamen die Gendarmen des Bezirkshauptmanns, drangen schießend und stechend in die Stube meines Urgroßvaters ein und holten mit Gewalt die Waage und das Buch heraus. Die Schwester meines Großvaters wurde getötet dabei, die kleine Ludmilla, ein paar Männer verletzt, und einer der Gendarmen wurde von Wilhelm Vohla, dem Wilderer, erstochen.

Es gab Aufruhr nicht nur in unserem Dorf, auch in Blaugau und Bernau, und fast eine Woche lang ruhte die Arbeit in den Flachsfabriken. Aber es kamen sehr viele Gendarmen, und die Männer und Frauen wurden mit Gefängnis bedroht, und die Baleks zwangen den Pfarrer, öffentlich in der Schule die Waage vorzuführen und zu beweisen, daß der Zeiger der Gerechtigkeit richtig auspendelte. Und die Männer und Frauen gingen wieder in die Flachsbrechen – aber niemand ging in die Schule, um den Pfarrer anzusehen: er stand ganz allein da, hilflos und traurig mit seinen Gewichtssteinen, der Waage und den Kaffeetüten.

Und die Kinder sammelten wieder Pilze, sammelten wieder Thymian, Blumen und Fingerhut, aber jeden Sonntag wurde in der Kirche, sobald die Baleks sie betraten, das Lied angestimmt: »Gerechtigkeit der Erden, o Herr, hat Dich getötet«, bis der Bezirkshauptmann in allen Dörfern austrommeln ließ, das Singen dieses Liedes sei verboten.

Die Eltern meines Großvaters mußten das Dorf verlassen, das frische Grab ihrer kleinen Tochter, sie wurden Korbflechter, blieben an keinem Ort lange, weil es sie schmerzte, zuzusehen, wie in allen Orten das Pendel der Gerechtigkeit falsch ausschlug. Sie zogen hinter dem Wagen, der langsam über die Landstraße kroch, ihre magere Ziege mit, und wer an dem Wagen vorbeikam, konnte manchmal hören, wie drinnen gesungen wurde: »Gerechtigkeit der Erden,

o Herr, hat Dich getötet.« Und wer ihnen zuhö-
ren wollte, konnte die Geschichte hören von
den Baleks von Bilgan, an deren Gerechtigkeit ein
Zehntel fehlte. Aber es hörte ihnen fast niemand
zu.

# Die lange Nacht in Abu Simbel

In Kairo hatten sie sich über den Verkehrslärm
beschwert, und in Saqqara wollten Mrs. Marriott-
Smith und Lady Hacking auf die Toilette und
machten sie dafür verantwortlich, daß sie sich
schließlich notgedrungen hinter eine Sanddüne
zurückziehen mußten. Zwei hatte sie auf dem
Flughafen Luxor verloren, und die übrigen hatten
in einem Zustand wachsender Meuterei im Bus
gewartet. Einige gingen dazu über, in ihrer Hör-
weite auszurufen: »Was macht denn die Unglücks-
person nun schon wieder?« In Karnak war der
Guide nicht rechtzeitig da, und sie hatte sie eine
halbe Stunde bei 35 Grad im Schatten bei Laune
halten müssen. Auf dem Schiff hatten sich einige
darüber beklagt, daß ihre Kabinen auf dem Un-
terdeck lagen, und der alte Mr. Appleton war offenbar auf Milchdiät, ein Detail, das man im
Londoner Büro nicht an den Koch weitergegeben
hatte. Jetzt wußte sie, daß sie nicht nur Auslands-
reisen und ihre Tätigkeit als Reiseleiterin nicht
leiden konnte, sondern sich für Menschen ganz
allgemein nicht sonderlich interessierte. Doch sie
lächelte weiter und wiederholte, man werde zwischen fünf und sechs Uhr Schecks einlösen kön-

nen und nein, sie glaube nicht, daß es in Assuan einen Fußpfleger gebe. Als mehrere lautstark über Verdauungsbeschwerden klagten, erwähnte sie nicht, daß es ihr ebenso ging. Sie war die Zielscheibe ihrer Proteste und Forderungen, wenn sie sich gerade in eine entfernte Ecke des Sonnendecks geflüchtet hatte und während jeder Mahlzeit. Zurückgezogen in ihre Kabine, setzte sie ein Bewerbungsschreiben an den Grundstücksmakler in Richmond auf, bei dem eine nette Stelle im Sekretariat frei war.

In Edfu wurde die Richterin aus Knutsford von einem Teppichhändler übers Ohr gehauen, zur insgeheimen Befriedigung einiger Mitreisender. In Esna verlor Miss Crawley ihre Reiseschecks, und Julie mußte den ganzen Weg zurück zum Tempel und sie suchen, zwischen den streunenden Hunden und den Basaltkopf-Händlern und der amerikanischen Gruppe von *Minnesota Institute of Art,* die nett und hilfsbereit waren und ihre blaugetönte, überschwengliche Gruppenführerin ständig verulkten. Alle nannten sie mittlerweile Julie, aber mit einem quengelnd fordernden Unterton, bis auf den pensionierten Bankdirektor, der versucht hatte, ihr hinter einer Säule in Kom Ombo an den Hintern zu fassen, und ihr überallhin folgte mit dem Ansinnen, später, wenn seine Frau ihr Schläfchen hielt, einen trinken zu gehen.

Keiner von ihnen hatte das Reiseprogramm richtig gelesen. Als sie entdeckten, daß sie in Assuan anderthalb Stunden auf den Flug nach Abu Simbel warten mußten, umringten sie sie und beschwerten sich. Sie wünschten ein weiteres Flugzeug eingeschoben zu sehen und sich darauf verlassen zu können, daß sie nicht gemeinsam mit der französischen und der japanischen Gruppe dort wären, und Lady Hacking sagte immer wieder, daß es ja in Gottes Namen dort wohl anständige Restaurants geben würde. Schließlich kriegte sie sie alle in die Maschine und aus der Maschine in den Bus, wo der Guide namens Fuad, den die Agentur in Assuan fest zugesagt hatte, durch Abwesenheit glänzte. Sie ging zurück ins Flughafengebäude und rief das Büro in Assuan an. Es war geschlossen. Der Mann am Schalter der *Egypt Air* wußte von keinem Fuad. Sie kehrte zum Bus zurück und teilte es ihrer Reisegesellschaft in möglichst heiterem Ton mit. Die Busse mit den Amerikanern, den Franzosen und den Japanern fuhren inzwischen, mit ihrem jeweiligen Fuad oder Ashraf bestens bestückt, in drei Staubwolken den Weg zu den Tempeln hinunter.

Kommentare blieben nicht aus. Der Busfahrer spuckte aus dem Fenster und schloß die Tür. Sie ruckelten über den Wüstensand. Der Nassersee lag rechts von ihnen, hellblau, umsäumt von lederbraunen Hügeln. Diejenigen, die sich vom

Ärger über das Nichterscheinen Fuads schon genügend erholt hatten, äußerten sich freudig. Die übrigen klagten weiter. Der Fahrer hielt auf der höchsten Stelle des Weges zum Tempel hinunter. Alle stiegen aus. Miss Crawley sagte, sie sei sich nicht klar darüber gewesen, daß man schon wieder gehen müsse. Sie trotteten zu zweit und zu dritt los und standen endlich vor dem blind starrenden Gottkönig. Mrs. Marriott-Smith sagte, es mache einen denn doch trotz allem nachdenklich, daß Miss Crawley entdeckte, daß sie leichte Blasen an den Füßen hatte, und die Frau des Geometers sagte, so leid es ihr täte, aber sie sähe nirgends eine Gelegenheit, etwas zu essen zu kriegen. Sie standen herum und fotografierten und zogen im Kielwasser der geführten und informierten Franzosen und Japaner in die düsteren Tiefen des Tempels, und als alle außer Sicht waren, verließ Julie sie.

Sie ging mit raschen Schritten den Hügel hinauf dorthin, wo der amerikanische Bus stand, dessen Gruppe bereits eingestiegen war und dessen Fahrer gerade den Motor anließ. Sie stieg ein und fuhr mit ihm zum Flughafen, wo sie lächelnd einen Umschlag mit zweiundzwanzig Rückflugtikkets Assuan–Abu Simbel–Assuan bei dem Burschen am Schalter der *Egypt Air* deponierte. Dann bestieg sie zusammen mit der amerikanischen Gruppe die Maschine. Bald gesellten sich die Japaner und die Franzosen dazu. Die Maschine hob pünktlich ab, wie immer, worauf die Stewardeß stolz hinwies, während sie aus dem Fenster auf das wegkippende einsame Flughafengebäude hinabblickte.

Die Gruppe von *Magitours* widmete sich weiter der Sehenswürdigkeit. Man versammelte sich vor der Steintafel, die Gamal Abdul Nasser zum Gedenken an die internationale Hilfe zur Erhaltung der Menschheitsschätze enthüllt hatte. Die anderen Reisegesellschaften begaben sich den Weg hinauf zu den Autobussen. »Endlich Ruhe und Frieden!« sagte Lady Hacking. »Ich weiß nicht, was mich mehr verrückt macht, die Amerikanerinnen mit ihrem Geschreie oder die Franzosen, die dauernd drängeln und schubsen.«

Mr. Campion, der ältere Polizeiinspektor, der im Besitz eines vernünftigen Reiseführers war, übernahm die Rolle des abwesenden Fuad und informierte sie über Ramses den Zweiten und die technische Großtat, die beim Errichten des Tempels an seinem gegenwärtigen Standort vollbracht worden war. Die Gruppe, entsprechend demütig vor dem Ausmaß beider Begriffe, bewegte sich ehrfürchtig rings um die hoch aufragenden Tempelsäulen und bewunderte die übermenschliche Leistung, das Ganze in einen künstlichen Hang hineinzusetzen. Man war sich einig, daß es ungeheuer eindrucksvoll sei und durchaus eine Reise wert. Wer noch an Magenverstimmung litt, begann unruhig zu werden, und Mrs. Marriott-Smith sehnte sich nach ihrem Dinner, aber im großen und ganzen war die Stimmung positiv. Sie traten aus dem Tempel heraus, saßen herum und bewunderten den See, den jetzt rosenfarbene Streifen zierten, weil die Spätnachmittagssonne schon der Wüste zuzusinken begann. Einige Frauen zogen ihre Strickjacken über; es war erstaunlich, wie rasch es sich abends abkühlte. Mr. Campion las weiter aus dem Reiseführer vor. Keiner achtete auf die fernen Rufe des Busfahrers oben auf dem Hügel. Jemand sagte: »Die verflixte Person ist schon wieder weg.«

Der Busfahrer, der nur für eine bestimmte Zeit gemietet war und nicht länger, hupte fünf Minuten lang. Dann warf er – da ihm jegliche Anweisung fehlte – seine Zigarette aus dem Fenster und fuhr seinen leeren Bus zurück ins Depot.

Die Sonne war schon fast untergegangen, als die letzten zum Flughafen kamen. Miss Crawley hatte nunmehr ganz fürchterliche Blasen an den Füßen – nach gut drei Kilometer Fußmarsch. Mr. Campion war es, der die achtlos auf dem Schalter der *Egypt Air* beiseite geschobene Rückflugtikkets entdeckte. Doch es dauerte ungefähr zehn Minuten, während derer die Gruppe sich langsam um ihn sammelte, nun ganz kleinlaut und in einer Mischung aus Wut und Besorgnis, ehe der Groschen fiel. »Ich kann es einfach nicht glauben«, sagte die Frau des Geometers immer wieder. Der Beamte der *Egypt Air,* mit einem Sperrfeuer von Fragen konfrontiert, zuckte ungerührt die Achseln. Wer sich am Außenrand der Gruppe befand und nicht ganz begriffen hatte, was vor sich ging, drängte näher heran, und als einer dem anderen die Ungeheuerlichkeit ihrer Zwangslage erklärte, wurde das Murren lauter. Mr. Campion, der entschlossen Ruhe bewahrte, konzentrierte sich auf den Burschen von *Egypt Air.* »Also wann geht die nächste Maschine?« Es gab keine. Die letzte startete allabendlich um halb sechs.

»In diesem Fall«, sagte Mr. Campion beherrscht, »werden Sie Assuan anrufen müssen, verstehen Sie, und ein weiteres Flugzeug anfordern.«

Der Beamte von *Egypt Air* lächelte nur.

»Unsinn«, sagte Mrs. Marriott-Smith. »Natürlich können die ein Flugzeug schicken. Sagen Sie ihm, er soll nicht albern sein.« Der Beamte von *Egypt Air* zuckte die Achseln und führte ein Telefongespräch mit der Miene eines Mannes, der bis zu einem gewissen Grade bereit ist, eine Schar von Irren zu beschwichtigen. Das Ergebnis des Telefonates war allen klar, noch ehe er den Hörer auflegte.

»Na schön«, sagte Lady Hacking. »Dann müssen wir uns eben damit abfinden. Fragen Sie ihn, wo das nächste Hotel ist.«

Der Polizeiinspektor, an Fragen über Leben und Tod gewöhnt, machte sich gar nicht erst die Mühe, ihr zu antworten. Diese Frau war ihm mit ihrer ganzen Art schon seit Tagen auf die Nerven gegangen. Er zeigte schlicht in Richtung der großen Fenster der Flughalle, die auf die Wüste hinausgingen. Hie und da sah man einen struppigen Baum oder einen schlechtgelaunten herrenlosen Hund, die einzige Landebahn durchschnitt eine Sandfläche, die jetzt im Licht der untergehenden Sonne lila, rosa und ockerfarben war. Auch der Rest der Gruppe folgte Mr. Campions zeigender Geste.

»Himmlische Farben«, sagte die Richterin aus Knutsford. Sie hatte schon seit dem ersten Morgen im Kairoer Museum betont künstlerische Empfindsamkeit an den Tag gelegt.

Jetzt wurde die Bestürzung allgemein. »Ich glaub's einfach nicht«, sagte die Frau des Geometers. »Wirst es schon müssen, verdammt noch mal«, schnauzte ihr Ehemann. Die Gruppe musterte unter erschrockenem Murmeln die erbarmungslose Realität der Flughalle. Da gab es ein halbes Dutzend Reihen steifer Schalensitze aus Plastik, zwei, drei Plastiktische und eine Limo-Bar, an der ein junger Bursche bediente. Er, der

Beamte der *Egypt Air* und ein paar Porter oder Putzleute beobachteten sie jetzt mit mattem Interesse. Es gab auch noch den Schalter der *Egypt Air*, in den der Beamte ein schmuddeliges Schild GESCHLOSSEN gestellt hatte, ein paar zerfetzte Plakate an den Wänden: der Tadsch Mahal, Sri Lanka – und eine Unmenge überquellender Abfallbehälter. Wer bereits hastig in die Damentoilette vorgedrungen war, fand sie am einen Ende überschwemmt von Urin und überwacht von einer Frau, die jeder Kundin ein verdrecktes Handtuch reichte und dann erwartungsvoll neben ihr stehenblieb. Lady Hacking zeigte vorwurfsvoll auf den überschwemmten Boden; die Frau nickte und wies auf eine der Kabinen, aus der sich ein Schweif durchweichtes Toilettenpapier ergoß. »Nix gutt.« – »Dann *tun* Sie gefälligst was«, sagte Lady Hacking streng.

Es war jetzt sechs Uhr dreißig. Die Gruppe hatte sich mit zunehmender Dringlichkeit an der Limo-Theke eingefunden. Es war die verspätet eintreffende Miss Crawley, die feststellte, daß nur noch ein halbes Dutzend Dosen *7-Up* und vier Packungen Chips übrig seien. Wer im Besitz der einzigen drei Sandwichpäckchen und der einzigen Packung Keks war, blickte je nach Temperament trotzig oder schuldbewußt. »Dreizehn von uns«, verkündete Miss Crawley laut, »bekommen überhaupt nichts.« Das Prinzip des »Wer zuerst kommt, mahlt zuerst« kollidierte jetzt mit zögernd aufflackerndem Gemeinsinn. Die beiden pensionierten Bibliothekarinnen boten Mrs. Marriott-Smith ein Sandwich an, das diese huldvoll entgegennahm. Man stellte fest, daß sie niemandem sonst etwas anboten.

Die Temperatur war merklich gesunken. Die wenigen, die Mäntel mithatten, zogen sie über, die meisten schlotterten in Hemdsärmeln und Sommerkleidern. Der Architekt, der 1942 in Libyen gestanden hatte, rekapitulierte wie schon so oft – zu oft – seine Erlebnisse im Wüstenkrieg. Die Frau des Geologen sagte jedem, daß die verflixte Person bestimmt entlassen würde, wenn das auch kein Trost war. Miss Crawley entnahm ihrer Reisetasche seufzend ein Buch und begann ostentativ zu lesen. Eine Katze mit gestutzten Ohren lag auf einem der Plastiktische und rollte sich genüßlich. Die Richterin aus Knutsford wollte sie streicheln, die Katze streckte die Krallen heraus und öffnete ein rotes Mäulchen zu einem tonlosen Miau. Miss Crawley beobachtete es ohne Kommentar.

Draußen wurde es dunkel. Der Beamte der *Egypt Air* war nicht mehr da. Wer wollte, konnte voller Groll am entfernten Ende des Flugfeldes einen Bungalow erkennen, in dem trauliche Lichter schimmerten. Der Limobursche hing noch immer über seinem Tresen, und die Frau aus der

Damentoilette kam heraus und hockte sich davor auf den Fußboden. Der eine verbliebene Porter oder Wachmann hockte sich neben sie, rauchte und wechselte manchmal eine flüchtige Bemerkung mit ihr. Sie ignorierten die *Magitours*-Touristen, die sich nun in mürrischen Grüppchen in der ganzen Halle verteilt hatten. Der Architekt versuchte ohne Erfolg, vier zu einem Whist zusammenzubringen. Wem nicht wohl war, der saß mit verbissener Miene unweit der Toiletten. Die Richterin aus Knutsford hielt der Katze ein Knäuel aus Zeitungspapier hin. Die Katze schlug mit der Pfote danach, und sie zog mit einem Aufschrei die Hand zurück.

»Hoffentlich hat sie nicht die Tollwut«, sagte Miss Crawley interessiert. »An so einem Ort muß man damit rechnen.« Die Richterin untersuchte ihre Hand, auf der Blut perlte. »Ach herrje«, sagte Miss Crawley. »Vielleicht würde es sich lohnen, ein Antiseptikum anzuwenden.« Die Richterin sah sie wütend an und drückte ein *Kleenex* auf ihre Hand.

Etwa um neun Uhr dreißig wurde die Stimmung der Proviantlosen unerträglich. Die Meuterei wurde ausgelöst durch die Enthüllung, daß die Frau des Geometers im Besitz eines Geheimvorrats an Orangen, Roggenkeks und Plätzchen war, die sie nun verstohlen an Personen ihrer Wahl verteilte. Das Murren der Ausgeschlossenen wur-

de unüberhörbar. Mr. Campion erhob sich schließlich, durchquerte die Halle und sprach kurz und
schroff mit der Frau des Geometers, die verärgert
aufbegehrte. Dann räusperte er sich und verkündete, daß angesichts der Umstände eine Art ge-
meinsamer Kasse in Sachen Eßwaren vielleicht
eine gute Idee wäre. Daraufhin kam ein Häufchen
Eßbares zusammen, das Mrs. Campion, sichtlich
verlegen, aufteilte und auf einem vom Limo-
Tresen geborgten Tablett herumtrug. Die Kranken sagten, sie wollten nichts davon, und machten dadurch weitere komplizierte und minuziöse
Teilvorgänge nötig. Dieses Hin und Her war eine
beträchtliche Ablenkung, so daß es eine Weile
dauerte, ehe jemand – einschließlich seiner Frau –
bemerkte, daß mit dem alten Mr. Appleton etwas
nicht in Ordnung war. Er war auf seinem Sitz zu-
sammengesackt, brabbelte unaufhörlich und stieß
von Zeit zu Zeit eine Art Bellen aus, das weder
Gelächter noch ein Schmerzensschrei war. Seine
Frau neigte sich – ebenso verlegen wie besorgt –
über ihn und redete auf ihn ein. Schließlich
brachte eine der Bibliothekarinnen eine Flasche
Mineralwasser. Auch Aspirin wurde hervorgeholt
und eine Vielzahl von Lutschtabletten.

»Der arme Alte«, sagte die Richterin aus Knutsford. »Wissen Sie, ich hatte schon die ganze Woche das Gefühl, er sei ein klein bißchen gaga. Ein
Jammer.« Andere meinten, sie seien nicht über-

rascht – das sei ja auch wirklich genug, um einen umzuwerfen. »Wissen Sie, woran mich das erinnert?« fragte die Richterin aus Knutsford. »An diesen Ort in Orkney – Maeshowe. War einer von Ihnen schon mal dort?« Keiner war es. Diejenigen, die von ihrer Weitgereistheits-Nummer bereits genügend genossen hatten, wandten sich betont wieder ihren Büchern und Zeitschriften zu. »Etwas ganz Außergewöhnliches, Sie sollten wirklich mal hinfahren. Dreitausend und einiges vor Christus. Das Faszinierendste sind die Inschriften der Wikinger. Seeleute, die mal während eines Sturmes die Nacht dort verbringen mußten, und einer von ihnen ist übergeschnappt.« Es herrschte Schweigen. Die Katze räkelte sich verführerisch und wickelte sich um die Wade der Richterin, die sie mit der Handtasche wegschob.

»Wie geht es Ihrer Hand?« fragte Miss Crawley.

»Ausgezeichnet«, sagte die Richterin gereizt. Sie beobachtete die Katze, die dasaß und mit dem Schwanz peitschte. Miss Crawley ließ ihr Buch sinken und beäugte sie. »Hier sehen alle Tiere irgendwie krank aus. Was hat sie da am Maul?«

Um elf Uhr war auch die einzige bis dahin noch funktionierende Damentoilette verstopft, ein Umstand, der eine zart aussehende, bis jetzt schweigsame Frau dazu brachte, in kaum unterdrücktes Schluchzen auszubrechen. Irgend jemandes Ehemann gestand, eine gewisse Kenntnis der Klempnerei zu haben, rollte die Ärmel auf und machte sich an die Arbeit. »Guter Kerl«, sagte der Polizeiinspektor laut.

Der Verkäufer an der Limo-Theke wickelte sich in eine karierte Decke, legte sich hin und fiel, wie man sah, fast sofort in einen tiefen, geruhsamen Schlaf. »So ein Glückspilz«, sagte der Architekt. »Ich weiß noch, daß wir das damals auch konnten, am Halfaya-Paß.«

»Nun hören Sie schon auf mit dem Halfaya-Paß«, sagte Mrs. Marriott-Smith unangemessen laut. Der Architekt, ein empfindlicherer Mann, als man äußerlich wahrnahm, verstummte beleidigt. »Pst, pst, meine Liebe«, sagte Lady Hacking. »Natürlich sind diese Menschen physisch ganz anders gebaut. Es hat mit ihrem Becken zu tun. Haben Sie nie bemerkt, wie sie stundenlang in der Hocke bleiben können?«

»So ein Schwachsinn«, murmelte die Frau des Polizeiinspektors. Lady Hacking fuhr herum, konnte aber nicht feststellen, wer gesprochen hatte.

Mittlerweile hatte die Gruppe sich geteilt: in diejenigen, die entschlossen in möglichster Einsamkeit überdauern wollten, und in die anderen, die stillschweigend den schwachen Trost kollektiven Leidens suchten. Einige hatten versucht, einen Teil des Bodens zu reinigen und sich hinzulegen, ungenügend gepolstert mit Zeitungen und dem Inhalt von Handtaschen, gaben es aber bald auf. Andere wiederum, die sich zur Autorität hingezogen fühlten, lagerten sich rings um Mr. Campion, als warteten sie sehnsüchtig darauf, daß er vielleicht noch irgendwie ein Wunder bewirkte. Der alte Mr. Appleton fuhr fort, zu murmeln und zu bellen, und seine Frau nötigte ihn – mittlerweile mit etwas verstörtem Blick –, Mineralwasser zu trinken.

Mrs. Marriott-Smith sagte: »Du meine Güte, es *kann* doch nicht erst halb eins sein ...«

»Ich will Ihnen was sagen«, meinte die Frau des Geometers. »Wir sollten gemeinsam singen. Wie Leute, die sich in den schottischen Bergen verirrt haben.« Sie kicherte verlegen. »Sei nicht so verdammt albern«, murrte ihr Ehemann. Miss Crawley ließ ihr Buch sinken und schaute verächtlich. »Ein besonders unpassender Vergleich, wenn ich so sagen darf.« Niemand sonst sprach. Die Frau des Geometers holte eine Puderdose heraus und betupfte ärgerlich ihre Nase.

Einem unbefangenen Beobachter, der zu diesem Zeitpunkt am Flughafen Abu Simbel angekommen wäre, wäre gewiß nicht entgangen, daß hier etwas verkehrt lief. Die komplizierten Linien der Feindseligkeit und Abneigung zwischen den Reisenden von *Magitours* glichen einem unsichtbaren Spinnennetz, das grimmig vibrierte. Abgesehen von der kleinen Gruppe um Mr. und Mrs. Campion gescharter Anhänger waren die kompromißlos zu Reihen verschweißten Schalensitze in möglichst großen Abständen besetzt. Ehepaare saßen ein, zwei Sitze entfernt von anderen Ehepaaren. Einzelreisende wie Miss Crawley und die Richterin aus Knutsford hielten sich abseits. Die beiden pensionierten Bibliothekarinnen hatten demonstrativ auf zwei freien Sitzen eine Barriere aus Gepäckstücken um sich aufgebaut. Das Murmeln und Bellen des alten Mr. Appleton hatte einen beträchtlichen Leerraum um ihn geschaffen. Er schien jetzt zu schlafen, sein Unterkiefer war herabgesunken. Von Zeit zu Zeit hustete oder schuffelte jemand oder sagte leise etwas zu Ehepartner oder Mitreisendem. Ein beklommener Friede herrschte, dessen Brüchigkeit offenkundig wurde, als jemand an ein Tischbein stieß, was ein schrilles Geräusch am Boden verursachte. »Unter uns sind welche«, sagte Lady Hacking laut, »die uns noch das letzte bißchen Ruhe nehmen wollen.«

Es war ein Uhr fünfundvierzig, als Mr. Appleton allem Anschein nach starb. Er sackte vornüber und ging mit einem erschreckenden Plumps zu Boden, wie eine aus großer Höhe geworfene Matratze. Seine Frau tat einige Sekunden lang gar nichts und begann dann durchdringend zu schreien.

Alles sprang auf. Manche, wie die Campions, die Richterin aus Knutsford und die beiden Bibliothekarinnen, eilten hinüber. Andere verharrten entschlußlos. Miss Crawley, die sich soweit aufrichtete, daß sie sah, was vor sich ging, sagte laut, daß man hier von einem Schlaganfall ausgehen müsse, also wahrscheinlich nicht viel tun könne, es aber in jedem Fall sinnlos sei, sich dazuzudrängen. Die Hilfswilligen hatten sich in zwei Gruppen geteilt, die eine widmete sich Mr. Appleton, die andere ermahnte seine Frau, die noch immer mit erstaunlicher Energie weiterschrie. »Hysterisch«, sagte Mrs. Marriott-Smith. »Darüber weiß ich alles, wir hatten mal ein Kindermädchen – vor Jahren –, die war auch so. Jemand müßte ihr eine Ohrfeige geben, nur das hilft.«

Mrs. Campion, den Arm um Mrs. Appletons Schultern gelegt, beschwor sie, still zu sein. »Es ist schon gut. Wir tun alles, was wir können. Bitte seien Sie still, *bitte*.«

Mrs. Appleton unterbrach sich einen Augenblick, um Atem zu holen, blickte dann auf den daliegenden Körper ihres Mannes und fing von neuem an. »Ruhe!« befahl der Inspektor. »Machen Sie keinen solchen Lärm.« Die Bibliothekarinnen und die Richterin stritten, ob man Mr. Appleton umdrehen sollte oder nicht. »Ich sage Ihnen, ich kenne mich aus mit solchen Sachen: Man sollte ihn nicht bewegen.« – »Entschuldigen

Sie, aber Sie irren sich. Ich weiß, was ich tue. Atmet er?« – »Ich glaube nicht«, sagte die Richterin, und unglücklicherweise fielen ihre Worte in eine momentane Pause zwischen Mrs. Appletons Schreien und brachten sie bestens wieder in Schwung.

Der Verkäufer von der Limo-Bar hatte sich aus seiner karierten Decke gewickelt und stand zusammen mit der Toilettenfrau und dem Porter da und sah zu. »Sagen Sie ihnen, sie sollen einen Arzt holen«, sagte Lady Hacking. »Ich glaube, das wäre das Beste.«

»Halten Sie um Gottes willen den Mund, Sie dämliche Person«, sagte der Polizeiinspektor. Totenstille trat ein, sogar Mrs. Appleton war vorübergehend abgelenkt. Lady Hacking wurde puterrot und wandte sich ab. Die Frau des Geometers brach in hektisches Gelächter aus. Die Richterin aus Knutsford, die bei Mr. Appleton kniete, blickte auf und fauchte, sie sähe im Moment keinerlei Grund zum Lachen. Mrs. Appleton war zu einem etwas abgelegenen Sitz geführt und von Mrs. Campion mit einigem Erfolg beruhigt worden.

Mr. Campion, der am Schalter der *Egypt Air* den Telefonhörer abgehoben hatte, lauschte einen Augenblick und versuchte nun dem Porter beizubringen, daß man den Beamten der *Egypt Air* herbeirufen müsse. »Schläft«, sagte der Porter.

»Büro geschlossen.« – »Geben Sie ihm Bakschisch«, sagte der Architekt. Der Polizeiinspektor, ein großer, breiter Mann, überhörte das, beugte sich vor, packte mit beiden Händen die Jacke des Porters und schüttelte ihn heftig. Die Klofrau stieß einen schrillen Empörungsschrei aus.

»Schrecklich unklug«, sagte Mrs. Marriott-Smith laut. »So kann man mit diesen Leuten nicht umgehen.« Das Interesse war jetzt von den Appletons fort- und auf den Schalter der *Egypt Air* gelenkt.

Der Porter nahm ärgerlich brummelnd das Telefon, und alsbald hörte man ihn etwas hineinsprechen. »Sagen Sie ihm, er soll verdammt noch mal schauen, daß er sofort herkommt«, sagte Mr. Campion. »Und uns nach Assuan schafft.«

»Der Mann versteht kein Englisch«, sagte Miss Crawley.

»Wenigstens versuchen einige etwas zu *unternehmen*«, zischte die Richterin. »Was man nicht von allen sagen kann.«

Miss Crawley blickte eisig. »Deswegen brauchen Sie nicht beleidigend zu werden.«

Lady Hacking saß steif, mit zusammengepreßten Lippen da, während Mrs. Marriott-Smith beschwichtigend auf sie einredete. »Ich habe nicht vor«, sagte Lady Hacking entschieden, »mich auf dergleichen einzulassen. Diese Art von Benehmen ignoriert man einfach, ja, das tut man.« Die Frau des Geometers sah sie mit glänzenden Augen an.

Der Porter hatte den Hörer aufgelegt und schimpfte laut vor sich hin. »Ist schon gut, schon gut, mein Alter«, sagte der Ingenieur. »Wir haben's verstanden. Beruhige dich.« Mrs. Appleton fuhr fort zu wehklagen. Mrs. Campion, die noch immer bei ihr war, wurde allmählich sichtlich ungeduldig. Die Frau, die beim Zusammenbruch der letzten vorhandenen Damentoilette in Tränen ausgebrochen war, weinte wieder leise. »Ich will heim«, sagte sie immer wieder. »Nur noch heim.«

In diesem Augenblick zuckte Mr. Appleton konvulsivisch und machte den Versuch, sich auf den Rücken zu rollen. »O Gott! Er kommt zu sich«, verkündete die Richterin. »Ganz unter uns, Leute, ich dachte, der wäre abgeschrammt.« Die Bibliothekarinnen zogen ihn unter ermutigenden Zurufen in eine sitzende Stellung hoch.

Der Porter zuckte die Achseln und sah Mr. Campion bedeutungsvoll an. »Ist jetzt okay?« – »Geh zum Teufel«, sagte der Polizeiinspektor und näherte sich Mr. Appleton, den man fragen hörte, wo er denn sei. »Sagt es ihm nicht«, riet der Ingenieur. »Das haut den armen Kerl glatt wieder um.«

Mrs. Appleton wurde, gestützt von Mrs. Campion, zu ihrem Gatten hinübergeführt und fing an, ihm den Staub von Hose und Jacke zu klopfen, wobei sie ihm vorwarf, ihnen allen einen solchen Schrecken eingejagt zu haben. Der Alte kümmerte sich gar nicht um sie, ließ sich zu einem Sitz führen und blickte schnaufend in die Runde. »So ist es brav«, sagte der Polizeiinspektor und klopfte ihn auf die Schulter.

Der Beamte von *Egypt Air* traf ein, ohne Schlips und den Hemdschlapp über der Hose. Der Porter überfiel ihn mit Klagen. Der Polizeiinspektor schaltete sich ein, nahm ihn beiseite. »Ein kleines Bakschisch könnte die Situation retten«, sagte der Architekt. Mr. Campion fuhr fort, leise, aber autoritär zu erklären, daß ein Mitglied der Gruppe krank geworden sei und zweifellos ärztliche Hilfe brauche, daß aber die unmittelbare Gefahr anscheinend vorüber sei. »Mann nicht tot«, stellte der Beamte von *Egypt Air* gekränkt fest. »Nein, glücklicherweise nicht«, sagte Mr. Campion.

Und als schließlich die Morgendämmerung über die Wüste hereinbrach und ein graues Licht ins Flughafengebäude kroch, herrschte dort wenn schon nicht gerade Frieden, so doch ein erschöpfter Waffenstillstand. Einige befanden sich in unruhigem Schlaf, die anderen starrten aus entzündeten Augen durch die Fenster auf die sich rötende Wüste oder wagten sich in die Toiletten vor in dem Bemühen, ihr Äußeres etwas herzurichten. Die Bibliothekarinnen boten liebenswürdigerweise mit Eau de Cologne getränkte Feuchttüchlein an. Einige gingen ins Freie, um Luft zu schöpfen, wanderten sogar ein kurzes Stück den Weg zu den Tempeln entlang, an deren Ende die riesigen steinernen Kolosse einem neuen Sonnenaufgang entgegenblickten.

Und als drei Stunden später die erste Maschine aus Assuan ihre Passagiere ausschüttete, fanden sie die Halle bevölkert von einer Gruppe grimmiger, aber gefaßter Personen. Die Mitglieder von *Cookstours* stürzten sich auf sie: »Hören Sie mal, stimmt das, daß Sie die ganze Nacht hier waren? Das muß ja gräßlich gewesen sein.«

Wer es für angemessen hielt zu antworten, tat dies abwehrend. »Ein kleiner Zwischenfall«, sagte Lady Hacking huldvoll. »Aber alles in allem haben wir uns ganz nett aus der Affäre gezogen.«

Miss Crawley warnte mit Grabesstimme vor dem Zustand der Toiletten. Die Bibliothekarinnen sagten fröhlich, es sei ein bißchen wie im Luftschutzkeller gewesen, wenn man alt genug sei, sich daran zu erinnern. Mrs. Appleton stützte ihren Mann, der nach einer Morgenzeitung verlangte, und lächelte tapfer. Der äußerlich aufgelösten Erscheinung der Gruppe widersprach ihre Stimmung entschlossener Solidarität, ja vielleicht sogar zurückhaltender Verschwiegenheit. »Die Sache war einfach die«, sagte die Richterin aus

Knutsford, »wir saßen alle im selben Boot, da blieb nichts anderes übrig als gute Miene zum bösen Spiel.« Mrs. Marriott-Smith versicherte den Neuankömmlingen, die Tempel seien absolut überwältigend, einfach unvergeßlich, daran sei kein Zweifel. »Genau«, sagte der Polizeiinspektor. »Etwas völlig Außergewöhnliches.« Es wurde zustimmend gemurmelt, und als die Gruppe von *Cookstours* im Gänsemarsch ihrem Bus zustrebte, machte sich die *Magitours*-Gruppe, ziemlich eng aneinandergedrängt, auf den Weg über das sandbestreute Flugfeld zur wartenden Maschine.

CHRISTA WOLF

# Santa Monica,
# Sonntag, den 27. September 1992

Es ist dreiviertel zehn Uhr morgens, ich sitze in meinem Büro an dem Maschinchen, soeben habe ich durch eine falsche Manipulation die eng getippten drei Seiten gelöscht, die ich vorgestern mit den ersten amerikanischen Eindrücken beschrieben und leider nicht gleich ausgedruckt hatte. Zum Glück gibt es die handschriftlichen Seiten, die ich am Donnerstag notierte, als ich auf die drei Koffer wartete, die ich als Luftfracht aufgegeben hatte. Sie kamen gegen drei Uhr nachmittags, so daß ich den Koffer öffnen konnte, in dem das Maschinchen steckte, um Erin im Getty-Center anzurufen und ihr die Voltzahl durchzugeben, woraufhin sie nach downtown fuhr und den Konverter kaufte, den ich wegen der niedrigeren Stromspannung hier benötige – natürlich wollte der Verkäufer nicht die Volt-, sondern die Wattzahl wissen! – nun, Gott sei Lob und Dank, das Maschinchen schreibt, löscht allerdings auch, was es nicht löschen soll, erspart mir aber die Umgewöhnung auf einen Macintosh-Computer, der den »scholars« hier zur Verfügung gestellt wird.

Kurz nach sechs trieb es mich heute früh aus dem Schlaf. Mein letztes Traumbild war ein blondes, schön gekleidetes Mädchen, das sich mit der Hand an einem bunt gestrichenen Geländer hielt und träumerisch in die Ferne blickte. Diesen Traum verdankte ich wohl einer der ›Enterprise‹-Serien, die ich hier abends mit Hingabe sehe, und zwar nicht Wort für Wort, dem Sinn nach aber vollkommen verstehe und in der gerade gestern ein Planet an der Reihe war, auf dem die Enterprise-Besatzungsmitglieder ihren verkörperten Träumen und Phantasien begegneten, die sie hier ausleben konnten. Unter diesen Phantasien war auch ein blondes, altmodisch gekleidetes Mädchen: Alice im Wunderland. Mein Traummädchen sah allerdings anders aus, und aus einer anderen, früheren Traumsequenz kam später der Satz hoch: Ich kann ja noch nicht wissen, welche Tiefen hier umgepflügt werden. The wheels are rolling and rolling and rolling ... Allmählich, während ich die Augen geschlossen hielt und jene beiläufige, zerstreute Aufmerksamkeit walten ließ, die manchmal die flüchtigen Traumbilder im Gedächtnis fixieren kann, stieg auch dieser Traum wieder auf. Ein langer Emigrationstraum. Wir, G. und ich, saßen im Auto. Es war klar, das »neue Geld« würde kommen, dann hätten wir zu emigrieren. Ein merkwürdiger Mann mit breiter, pelzüberwachsener Nase, den wir fragten, bestätigte gleichmütig, daß wir zu gehen hätten. Ob viele »gehen« würden. Nein, hieß es, die meisten wollten ja das »neue Geld«. Ich wurde mir, im Traum, unserer Außenseiterrolle sehr bewußt. Der Mann, der, unseren Akten zufolge, über viele Jahre hin als Informeller Mitarbeiter auf uns angesetzt war, spielte in meinem Traum eine große Rolle als Helfer bei unserem »Umzug«, wir saßen am Ende eng zusammengedrängt mit ihm im Auto. Es hieß, wir könnten noch mehr Sachen mitnehmen, zwei uns gut bekannte Frauen halfen uns, das Auto immer voller zu packen, sie sprachen nicht dabei, hatten traurige Gesichter. Ich dachte, ich müßte noch die Töchter anrufen, mich verabschieden, aber sie wußten ja Bescheid und würden hierbleiben. Bilder, die ich von der Flucht Anfang 1945 im Gedächtnis habe, tauchten auf, alles geschah in einer Atmosphäre von Unordnung, Desaster, Unbehaustsein, die alle meine Träume beherrscht.

(Gestern früh hatte ich im Fernsehen nach den Bildern über neue Ausschreitungen von neonazistischen Jugendlichen in der ehemaligen DDR – es ist das einzige, was man hier über Deutschland sieht und hört – Interviews mit Schülern gesehen. Gute, normale Gesichter. Kluge Meinungen. Keiner und keine war für die Rechten, aber es wußte auch niemand, was zu tun sei. Und, was mich quält: Auch ich weiß es nicht, weil ich denke, dieses Herausfallen von jungen Leuten aus allen sozialen Bezügen – wofür sie sich den pseudosozialen Ersatz suchen –, in schlimmen Fällen aus der humanen Gesittung, ist strukturell in einer Industrie- und Leistungsgesellschaft angelegt.)

Ich muß mich dazu zwingen, die ersten Stunden des Tages zu beschreiben – Gewohnheiten, die erst beginnen, sich einzuschleifen, an die ich mich nicht erinnern werde, wenn ich sie nicht notiere, ich kann mich auch in kleinen Dingen auf mein Gedächtnis nicht verlassen und bin doch gerade süchtig nach den Einzelheiten des Alltags – eine Sucht, die mich immer unfähiger macht, etwas zu erfinden, was auch nur den Hauch von Spektakulärem hat; obwohl doch, sage ich mir, nicht einzusehen ist, warum ich mir merken will, daß ich früh im Bett noch in Dietmar Kampers Notizen über seinen ersten Aufenthalt in New York 1982 gelesen habe. Erhellend für mich sein Nachdenken über die »Verschiebung der Wünsche« in dieser merkwürdigen Stadt, ausgehend davon, daß die europäischen Emanzipationsbewegungen Selbsttäuschungen waren und sind: Handlungsfähigkeit kennten wir seit dem ausgehenden Mittelalter »nur zusammen mit Verworrenheit«; das »Wissen des Tuns« sei immer »hinterher« gekommen, wenn es zu spät war.

Während ich also meine Übungen mache – sehr vorsichtig, anscheinend kommt der Schmerz im Nerv dicht neben der Wirbelsäule – ein Schmerz, der schnell bösartiger wird und mich dazu zwingt, gegen meinen Vorsatz schon vor dem Frühstück eine Tablette zu nehmen, die nun seit etwa einer Stunde zu wirken scheint – nicht nur von dem zu weichen Bett, ich verscheuche den Gedanken, was ich tun soll, wenn mich hier, wo ich allein bin, etwa wieder ein Bandscheibenvorfall ereilt wie im vorigen Jahr; während ich den Lamellenvorhang am Schlafzimmerfenster zurückziehe: draußen die Sonne wie jeden Tag, es würde so warm werden wie gestern, 90 Grad Fahrenheit, 32 Grad Celsius; während ich dusche, kreisen meine Gedanken um Kampers Satz, die Suche nach dem Paradies habe zur Installation der Hölle auf Erden geführt (und in New York, meint er, zu einer seltsamen Verschiebung der Wünsche: Statt des Paradieses das Labyrinth). Manhattan heißt soviel wie Insel der Seligen, doch haben wir Heutigen nicht den mindesten Grund, uns über die naiven Seligkeitsvorstellungen der ersten Einwanderer zu mokieren, oder über die übersteigerten Hoffnungen der Mannschaft des Christoph Columbus, den sie hier zum 500. Jahrestag seiner Entdeckertat gerade groß feiern. Paradieshoffnung vermischte sich ja mit nüchternem ökonomischem Denken im Kommunismus zu einer nicht mehr auflösbaren Verbindung, die Paradieshoffnung brach viel früher zusammen als die Ökonomie, ich versuche mich der Etappen in meinem eigenen Denken zu erinnern, frage mich nicht zum ersten Mal, worauf wir hinlebten, als nach dem Zusammenbruch der Hoffnung nur noch platte Machterhaltung geblieben war und sich auch die moralischen Fragen neu stellten – wie jetzt wieder, da für viele Menschen in der ehemaligen DDR eine neue, mir schwer begreifliche Paradieshoffnung zusammenbricht – »blühende Landschaften«, ein paradiesisches Bild – und so viel davon abhängt, wohin das Gewicht dieser Enttäuschung die Mehrheit dieser Menschen zieht. Und was würde es für diese prekäre Situation bedeuten, wenn wahr wäre, was Kamper meint: daß Emanzipation und Freiheit sich gegenseitig ausschließen?

Und was hat das alles, frage ich mich, während ich das Frühstück vorbereite, damit zu tun, daß ich jetzt hier bin, im Paradies, immer wieder, wenn ich meiner Lage inne werde, Anfällen eines Gefühls durchdringender Unwirklichkeit ausgesetzt? Flucht? Das wäre zu billig. Oder will ich mal nachsehen, wie es denn in seinem Innern beschaffen ist, das Paradies, das uns allen nun bevorsteht?

Wie es der liebe Zufall will: Während ich mein Frühstück esse (Quaker's oatmeal, ein auf dem

Toaster geröstetes Mohnbrötchen mit den Marmeladen, die ich am Donnerstag auf dem Markt an der Third Street direkt bei den Farmern gekauft habe), läuft im Fernsehen eine Sonntagvormittag-Gottesdienst-Show in einer riesigen Halle, vollgestopft mit Menschen, die an den Lippen eines Predigers hängen, der diese Menge als Bußprediger, Schauspieler, Dompteur und Showmaster nach den Regeln der Massenpsychologie behandelt, und alle, oder doch die meisten, gehen mit, schwarz und weiß, man sieht ihre hingerissenen, inständig glaubenden, begeistert zustimmenden Gesichter. Ist ein Grund für diese verbreitete chiliastische Erlösungshoffnung womöglich die Kehrseite eines Lebens als Monaden, dem sie im Alltag ausgesetzt sind? »In God we trust!« steht auf ihren Dollarnoten. – You *can* make the difference! ruft beschwörend der Prediger, und am Ende wird bekanntgegeben, »changed women« seien jederzeit bereit, dich und mich und jedermann aufzusuchen.

Auf dem Weg zum Getty-Center dokumentiere ich alle Einzelheiten: die spanische Fassade des Hotels, den von exotischen Pflanzen eingerahmten Innenhof, das Pomeranzenbäumchen in der Mitte, im Bewußtsein, daß das Licht und die Farben, die mich in Euphorie versetzen, von keinem Foto eingefangen werden können. Ich laufe – nach fünf Tagen! – schon einen gewohnten Weg, wie schnell Anpassung geht, fotografierend also links die Third Street hinunter bis zur California Avenue, wieder nach links, sechzig, siebzig Meter, an der Ecke Fourth Street auf den Knopf der Ampelanlage drücken, warten, bis die mahnende rote Hand verschwindet und ein grüner Fußgänger erscheint, schnell noch aus dieser Position das rechterhand aufragende Getty-Center knipsen, ein 14stöckiger moderner Büroblock, in dessen Erdgeschoß die First Federal Bank residiert, der ich wohl mein Vermögen anvertrauen werde.

Mir fällt ein, daß mein Traumsatz: The wheels are rolling and rolling and rolling auch anders zu entschlüsseln wäre: Gestern bin ich mit Martin R., dem Stuttgarter, der jetzt ein großes berühmtes Institut in Dresden leitet, ungefähr 300 Meilen über Land gefahren: nach Norden die Küstenstraße entlang in Richtung Santa Barbara, zuerst vorbei an den kostbaren Anwesen von Pacific Palisades (ja, ich erinnerte mich, wie wir sie vor zehn Jahren zum erstenmal sahen ...), dann eine große Schleife in die Santa Monica Mountains, die R. sehr liebt und die auch mich sofort faszinierten, Ockerfelsen in allen Farbschattierungen, menschenleere Gegenden, hin und wieder eine Ranch, Pferde, Riesenautos vor den reichen Häusern, mit denen die männlichen Bewohner, hörte ich, nach L. A. zur Arbeit fahren. Und das Licht, die leichte Trunkenheit kommt durch das Licht, das werde ich nicht beschreiben können. Zum erstenmal dann also wieder diese Küstenstraße, links der Pazifische Ozean, ein magisches Gewässer, davor die flache Häuserreihe mit Restaurants, Cafés, rechterhand hoch aufragend die Steilküste. Er beneide mich, sagte R., dies alles könne ich neun Monate lang so oft sehen, wie ich wolle, es ist seine Wunschlandschaft, er muß morgen, also heute, abreisen. Wie wir in Santa Barbara durch die bizarre spanische Innenstadt schlenderten, vor einem mexikanischen Restaurant unter Sonnenschirmen aßen, Tortillas, gefüllt mit Käse und Chicken, Bohnen, wie wir vorher genußvoll endlich eine Margarita tranken, denn das war die erste Frage der Kellnerin gewesen: Do you like a margarita?, und zum Erstaunen von R. rief ich enthusiastisch: Yes, I do!, und ich erkannte den Geschmack wieder, den ich in Europa nirgends gefunden hatte, Tequilla und Triple Sec mit Limonensaft und gestoßenem Eis, mittags bei dieser Hitze, aber das war mir egal, wir tranken ja einen Espresso an der nächsten Ecke, redeten über den dünnen amerikanischen Kaffee, fuhren dann zur »mission«, zur spanischen Mission, einem Kloster, von dem aus vor 1600 spanische Mönche die indianische Bevölkerung hier missioniert haben, Kalifornien hat ja bis 1848 zu Mexiko gehört, das, sehr zu seinem Schaden, abgelehnt hatte, New Mexico und Kalifornien an die Amerikaner zu verkaufen, so mußten die sich diese Gebiete eben durch Krieg holen. Wir sahen die Zeugnisse, die belegen sollen, daß die Indianer »content« waren über ihre Bekehrung zum Christentum; aber das frühe Foto eines missionierten Indianers zeigt den alles andere als »zufrieden«, im Gegenteil, grimmig. Wir lasen von den drakonischen Strafen, die von den Christen an den Heiden vollstreckt wurden: Hand ab für Diebstahl, Bein ab für Fluchtversuch. Wir sahen den stillen Klostergarten, von exotischen Bäumen und seltsamen, blühenden Blumen bewachsen, ein Ort der Weltabgewandtheit und Meditation, an dem man nichts hörte als das Geplätscher des Brunnens und unwillkürlich sagen mußte: Ach, ist das schön! (So wie ich am ersten Morgen nach meiner Ankunft, kaum mehr als 200 Meter von meinem Hotel entfernt, oben an der Steilküste gestanden, auf die Bucht von Santa Monica geblickt und mehrmals laut vor mich hingesagt hatte: Herrlich, herrlich, herrlich!) So viel Schönheit als reine, ihrer selbst nicht mehr bewußte Täuschung, spürte ich, aber erst heute, aus dem Bannkreis dieser Schönheit, kann ich es ausdrücken; man hat nachgezählt, daß Columbus in seinem Bord-Tagebuch die Worte »Gott« und »Unser Herr« einundfünfzigmal, das Wort »Gold« aber einhundertneununddreißigmal erwähnt, und was nützen alle Schuld- und Reuebekenntnisse der christlichen Kirchen heute den Indianern, deren Stämme ausgerottet sind, deren Kultur zerstört ist. Dabei ist mir bewußt, daß mein Zorn, meine Melancholie nicht nur den Indianern gelten.

Wir gingen über den gar nicht großen Friedhof, auf dem über Generationen hin Tausende von Indianern und auch Weiße beerdigt sein sollen, heute stehen dort nur noch einige große Grabmäler spanischer amerikanischer Familien, wir versuchten uns vorzustellen, wie an diesem Ort die Zeit- und Kulturschichten als menschliche Gerippe übereinander lagern müssen. Die ganze Zeit über, während wir liefen, fuhren, aßen, ging unser Gespräch um die gesetzmäßigen Strukturen der Kolonisierung weiter, R. immer mit halb schlechtem Gewissen, sich wohl fragend, ob ich ihn auch zu den Kolonisatoren rechnete – was ich nicht tat, er ist besessen von seiner Aufgabe und scheint der rechte Mann am rechten Platz zu sein, denn oft kann ja ein Westdeutscher eine ostdeutsche Institution, mit der er sich identifiziert, eher retten als ein Ostdeutscher; aber abends, im Dunkeln, als wir schon in den Randbezirken von L. A. waren, ein winziger Partikel des vieläugigen Lindwurms, der sich auf die Stadt zubewegte, die schon lange als rotheller Schein am Himmel leuchtete, fragte er mich, ob ich die Auswechslung der Eliten zu den Gesetzmäßigkeiten der Kolonisierung rechne; ich sagte ja, und er fragte, ob ich dahinter Rachegefühle der Sieger vermute; ich sagte, ein oft unbewußtes Bedürfnis nach Rache könne mit im Spiel sein, man müsse sich wohl für die Angst schadlos halten, die man vor den jetzt Unterlegenen lange gehabt habe, unbegründet, wie sich jetzt zeige; aber die Auswechslung der Eliten gehöre nun mal zu den allerältesten und unabdingbaren Herrschaftsstrategien jeder neuen Macht; daß die bisherige politische Elite abserviert werde, sei ja selbstverständlich; eine ökonomische Oberschicht habe es in der DDR ja nicht gegeben, da niemand im kapitalistischen Sinn ein Vermögen habe ansammeln können, also werde die Schicht der Besitzenden auch aus dem Westen kommen – besonders, da ja auch der relativ bescheidene Besitz an Häusern, soweit sie früher West-Besitzer hatten, den ehemaligen DDR-Bürgern streitig gemacht werde; daß auf geistigem Gebiet die ersten Angriffe sich gegen Schriftsteller richteten, sei ja auch kein Zufall, und was die Universitätsprofessoren angehe – da sei die große Abwicklungsaktion im vollen Gange. Ich dächte ja nicht, sagte ich, daß sie alle ihre Posten hätten behalten können oder sollen; nur hätten Leute darüber befinden sollen, die sie kennen und deren Motive nicht von den einsetzenden West-Ost-Verteilungskämpfen beeinflußt seien . . .

Wir fragen uns, wie sich dieser Westen Amerikas von den teilweise desolaten Industriezonen des Ostens unterscheidet. R. meint, hier im Westen habe es von Anfang an bei der Besiedlung etwas wie eine idealistische Vision gegeben, die dazu geführt habe, daß die Natur nicht zerstört worden sei (außer durch die Besiedlung selbst, durch die große Städte), daß es »recreating areas« gebe, und eine Industrie, die die Luft nicht verpeste. Tatsächlich macht der Massenverkehr, trotz der schrecklichen Bilder, die ich jeden Abend im Fernsehen serviert bekomme, schon wegen der Geschwindigkeitsbegrenzung, die so ziemlich eingehalten wird, auf mich nicht den gleichen aggressiven Eindruck wie in Deutschland.

Where are you going, madam? fragte mich der Wachmann unten. Ich hatte mich in ein Buch einzutragen, denn heute ist ja Sonntag und das Gebäude fast leer, bei Brand oder anderen Gefahrenfällen will man wissen, wo noch jemand etwa zu retten sei. Als ich auf der falschen Seite in den Fahrstuhl stieg, stimmte der Wachmann eine Tonleiter auf das Wörtchen »no« an: No no no no no – bis ich verstanden hatte, daß dieser Fahrstuhl am Sonntag nicht benutzt wird. Zum fourth floor also, wohin jeder muß, der das Center betreten will, das wegen seiner Schätze ein High-security-Trakt ist, man sagt »hi!« zu dem zweiten Wachmann, der dort sitzt (das sind hier wohl die einzigen Plätze, die mit Schwarzen besetzt sind), man entnimmt einem Schränkchen die persönliche securitycard mit einem Foto und zwei Schlüsselchen und steigt, weil es Sonntag ist und der Fahrstuhl blockiert, auf einer Hintertreppe hinauf in den sechsten Stock, wo heute keine Menschenseele ist, außer anfangs die zwei Mädchen und der junge Mann – alle schwarz oder braun –, die saubermachen. Einmal ging ein Wachmann an meiner Tür vorbei, die ich nach amerikanischer Sitte offenlasse, sonst bin ich allein, hole mir mal einen Becher Wasser aus der Küche, mal einen Joghurt aus dem Kühlschrank, blicke manchmal lange über den Parkplatz, zwischen Hochhäusern durch aufs Meer, das glatt daliegt und in der Sonne blinkt, von Palmen gesäumt, sehe öfter auf die Uhr und rechne die Zeitverschiebung nach Berlin aus, irre mich aber doch, als ich endlich anrufe, weil ich anstatt vor-, acht Stunden zurückgerechnet habe. G.s Stimme ist ganz nah, meine eigene höre ich mit einem kleinen Nachhall.

In einer der deutschen Zeitungen, die in der Lounge hängen, finde ich ein Interview mit dem amerikanischen Soziologen Amitai Etzioni, der zu den »Kommunitariern« gehört, einer neuen parteiübergreifenden politischen und philosophischen Bewegung, welche die Abkehr vom krassen Individualismus und die Besinnung auf gesellschaftlich verbindliche Werte anstrebt, wozu gehören: Stärkung der Familie, Betonung von

Pflicht und Verantwortung für die Gesellschaft. Die amerikanische Wirtschaft solle sich die mitteleuropäische soziale Marktwirtschaft zum Vorbild nehmen und müsse sich zu einer kooperativen Wirtschaft entwickeln – das erreiche bisher nur das Pentagon mit seiner Kriegswirtschaft. Die Bindungslosigkeit – auch in der Familie – sei eine der Hauptursachen für das amerikanische Drogenproblem; es gebe keine Lehrlingsausbildung; die Arbeitsmoral und die Qualifikation der amerikanischen Arbeiter seien erschreckend niedrig; ihren verschwenderischen way of life könnten die Amerikaner sich nicht mehr leisten; er fürchte, die riesigen Defizite in der Sozialpolitik könnten dazu führen, daß die amerikanische Gesellschaft auseinanderfalle.

Jetzt ist es ein Uhr, ich bin müde und hungrig, werde rübergehen, mir einen Eierkuchen mit Champignons machen, mich dann hinlegen und lesen. Aber zuerst drucke ich noch, gewarnt durch mein Mißgeschick heute früh, die eben geschriebenen Seiten aus.

Montag, d. 28. 9.: Genau dies gelang mir gestern nicht, weil mein Farbband keine Farbe abgab; ich probierte eine halbe Stunde lang, unwillig, zu glauben, was ich sah, oder leider nicht sah, heute früh mühte sich Gretchen damit ab, eben kam ein japanisch aussehender junger Mann, ein exzellenter Computerspezialist, auch der kapitulierte (»such a simple thing!«), will nun versuchen, eine Zweigstelle der Firma zu finden, von der mein Maschinchen kommt – wahrscheinlich müsse man nach Deutschland telefonieren. (Dies war dann doch nicht nötig, zweimal fuhr ich mit Daisy weit in die Stadt, in eine Werkstatt, die das kleine Teilchen fand, das »broken« war, und es für 45 Dollar reparierte.) Gestern also ging ich nach Hause, die Eierkuchen schmeckten etwas merkwürdig mit dem leicht gesüßten »swedish pancake meal« und der übersalzenen Margarine, ich legte mich hin und war froh über mein stilles Schlafzimmer mit dem um diese Zeit schattigen, umrankten großen Fenster mit dem Fliegengitter. Lese weiter in Dietmar Kampers Aufzeichnungen aus New York, aus einem mir sehr bewußten Anlaß gefesselt von seinen Reflexionen über die Gründe für das zunehmende Empfinden von Unwirklichkeit, die er auch in der wachsenden Ereignislosigkeit der Moderne sucht. (»Das Leben hier verläuft gewissermaßen mit tödlicher Sicherheit in fix und fertigen Bahnen. Deshalb rückt das Irre so nah.«) Wenn man, wie ich, Radio und Fernsehen oft laufen läßt, bekommt man den Eindruck, die Amerikaner glauben daran, daß es für alles eine Lösung, für jedes Übel Abhilfe, für jeden Schmerz eine Linderung, für jede Krankheit eine Heilung gibt, und wollen nicht wahrhaben, daß eben aus dieser Heilserwartung mit der

Zeit ein Gefühl von Unwirklichkeit, ja Unheimlichkeit erwächst. Mir dagegen ist bewußt: Ich habe Urlaub von der Realität. Es ist nicht »real«, was mir hier widerfährt. Mir widerfährt ja nichts. Die Begegnung mit Menschen – seien sie nun sympathisch oder lästig – führt ja nicht zu Verbindlichkeit, Bindung, Verpflichtung. Die Erleichterung, die ich erfahre, macht mir klar, wie stark ich »drüben« unter dem Druck der Realität stand.

Kamper zitiert Steven Spielberg, den Schöpfer von E. T., jenem merkwürdigen, eigentlich monsterhaften und doch rührenden imaginierten Wesen, das für Monate die Gefühle von Kindern und Erwachsenen auf sich zog: »Die Phantasie ist die einzige Möglichkeit, der Ereignislosigkeit der Moderne zu entkommen.« Anachronistisch scheint es zu sein, die Phantasie als ein Mittel zu sehen, das die Realität erweitert und verdichtet, in jedem Fall ein Teil von ihr ist. Kamper jedenfalls meint, der »Überhang des Phantastischen« sei bis in den Kern des gesellschaftlichen Lebens eingedrungen und halte den »Platz besetzt, den einmal die Götter einnahmen«. Das Einhorn auf einem der »echten« mittelalterlichen Teppiche ist ihm das Symbol für Imagination – »in Wirklichkeit«, das heißt zur Zeit des Matriarchats, war es aber ein Kalenderzeichen, zusammengesetzt aus mehreren weiblichen Tieren, und das Einhorn selbst war ein Phallussymbol, also wird auf diesen Teppichen, die eine Geschichte erzählen, mit dem Einhorn vielleicht nicht die Imagination, sondern das »weibliche Prinzip« verfolgt und gefangengesetzt – und käme das nicht auf dasselbe hinaus? Und was bedeutete dies für Medea, auf die alle meine Gedankenketten, wenn ich ihnen die Freiheit lasse, zulaufen? Medea, die Göttin, die Heilende, auch durch Imagination Heilende, wird sie vielleicht von der Männerwelt in Korinth auch wegen dieses Überhangs an Imagination verleumdet, verfolgt und verfemt – da sie ja nun mal ihre Kinder nicht getötet hat, wie Euripides es ihr andichtet? Offenbar hat er für das Unmaß an Haß, das ihr durch die Jahrhunderte folgt, ein starkes Motiv gebraucht, ich müßte also, um diesen Haß zu erklären, die Geschichte neu aufbrechen. Medea die Zauberin, die den Männern, auch Jason, angst macht. Die von Kolchis andere Werte nach Korinth mitgebracht hat. Die, letzten Endes, kolonisiert werden soll.

Ich schlief bis vier, zog mich umständlich an, packte Badesachen ein, pünktlich um halb sechs rief Kurt F. von der Eingangstür aus an, wir fuhren die kurze Strecke zu dem schönen Haus der Forsters in der Montana Street, Françoise empfing mich mit der Bemerkung, sie kenne mich durch meine Bücher schon lange, es kam keine Fremdheit auf, man zeigte mir das Badezimmer der Töchter, die nicht mehr zu Hause wohnen, in dem ich mich umziehen konnte, um in dem schönen ovalen Swimming-pool unter exotischen Pflanzen zu schwimmen. Im Haus fand ich alles geräumig, praktisch, perfekt – ein Wort, das mir hier so oft einfällt. Es ist, als fände man die praktischste Art heraus, irgend etwas zu tun, und richte sich dann auch nach dieser Einsicht.

Wir saßen draußen an einem einfachen Holztisch, aßen Radieschen und Nüsse zu einem sehr guten trockenen italienischen Weißwein, es begann das lange Gespräch über das Getty-Center, an dem Kurt F. seit acht Jahren Direktor ist, das heißt, er hat es mit begründet, seine Struktur mit bestimmt, es begann meine Faszination durch einen materiell wohlausgestatteten Apparat, der sich der Sammlung, aber auch der Produktion von Kunst verschrieben hat, ich sehe voraus, wie oft ich noch mit wechselnden Partnern über die Problematik sprechen werde, die ein solches Gebilde zwangsläufig hervorbringen muß, die Spannung zwischen den Gesetzen der Bürokratie und denen der Kunsterzeugung. Ich höre vom Ankauf exzellenter Sammlungen, von dem Kurt den Trust überzeugen konnte, darunter ganze Bibliotheken und Archive von Emigranten, viel deutsches Material; es geht darum, die Entstehung von Kunstwerken zu dokumentieren; mir unbegreiflich, wie eine solche Menge in acht Jahren zusammengetragen werden konnte (ich habe eben mit Kathleen im 4. Stock einen Einblick in die Möglichkeiten der Bibiliothek und der Beschaffung von Büchern bekommen, die allerdings überwältigend sind). – Françoise hat viel über Adolph Menzel in Ostberlin gearbeitet, ist vertraut mit der Geschichte der Nationalgalerie, hängt an einigen Mitarbeiterinnen, mit denen sie in einer persönlichen Weise zusammenarbeiten konnte, die man in westlichen Museen nicht finde, sie beklagt, daß durch die Zusammenführung mit anderen Galerien und Museen ein effektives Arbeiten jetzt kaum möglich ist.

Wir essen Lachs und Reis und Pilze, das Gespräch bleibt lebhaft, ich erfahre, daß Françoise aus einer Hamburger Familie kommt, die den Nazis ein Dorn im Auge war, einige Familienmitglieder haben beim 20. Juli mitgewirkt und wurden gerettet, weil der Leiter ihrer Untergruppe nach seiner Verhaftung Selbstmord machte, um niemanden zu verraten. Ihre Angst vor einer möglichen Wiederholung der Weimarer Verhältnisse (heute früh kam die Meldung, daß Neonazis im ehemaligen Konzentrationslager Sachsenhausen die jüdische Baracke angezündet haben. Eine Gegendemonstration von vielleicht vierhundert Leuten). Aber Sie werden zurückgehen? fragen die Forsters. Ja, sage ich, was sonst? – Wir reden darüber, wie sich die alte Frage, besonders von

Intellektuellen: Wieviel Integration sie sich zumuten dürfen, ohne ihre Integrität zu verlieren, sich jetzt, nach der Vereinigung der beiden deutschen Staaten (oder richtiger: nach dem Zusammenbruch des einen und der dadurch möglich werdenden Wiederherstellung eines deutschen Staates in wesentlich erweiterten Grenzen) sich wieder anders stellt, als sie sich für uns in der DDR gestellt hat. Daß da überhaupt eine Frage war, und ein Problem, dessen Lösung einem zu schaffen machen konnte, soll nun nicht mehr wahr sein; es soll das Verhalten, das aus einer Summe von Konflikten, auch Irrtümern, Illusionen, aus Wunschdenken und Fehleinschätzungen, schließlich aus immer realistischer werdenden Einsichten zustande kam, nun nur noch wie bei einem Computerspiel unter »richtig« oder »falsch« abgelegt werden. – Wieder mein Eindruck, wie hier bei jedem beinahe beliebigen Gespräch die ganze deutsche Geschichte aufkommt und mitspricht.

Die amerikanischen Wahlen werden allerorts erörtert. Françoise hofft, Clinton werde vielleicht knapp durchkommen; und wenn man das nur wünschen müsse, sagt sie, damit endlich einmal wieder eine andere Partei ans Ruder komme und den ganzen alten Filz auflöse. Die Qualitäten von Clinton und seinem designierten Vizepräsidenten, Al Gore, von dem beide viel halten, werden abgewogen gegen die Defizite von Bush und

Quayle. Kurt fürchtet, Bush werde knapp gewinnen, in den Kammern hätten dann die Demokraten die Mehrheit, und die Regierung und der Präsident wären lahmgelegt.

Um zehn werde ich nach Hause gefahren, bin sehr müde, vielleicht ist der Jet-Lag immer noch nicht ganz überwunden, oder es strengt mich einfach an, all die neuen Eindrücke mit angespannter Aufmerksamkeit in mich aufzunehmen. Im Dunkeln liegend höre ich auf einmal die drei Töne – einen Dreiklang –, die eine vollkommene Stille mir auch »drüben« hervorbringt. Sie haben mich also, zu meinem Trost, hierher, über den Ozean, begleitet. Ich schlafe schnell ein.

Isabella Nadolny
# Aus der Tanzstunde

Wir nannten ihn Jonny, in Wirklichkeit hieß er ganz anders. Der Name stammte aus einem Schlager, den Marlene Dietrich mit gutturaler Stimme sang, und gab ihm etwas Verruchtes. Alles Verruchte stand bei uns in der Tanzstunde hoch im Kurs. Er war neunzehn, wunderschön und freundlich. Er tanzte gut. Seine Augen waren leuchtend blau. Er hatte alle Macht über mich, die man über eine Fünfzehnjährige haben kann. Ich versuchte, durch blasiertes Getue zu verschleiern, wie sehr er mir gefiel. Er war von Spöttern umgeben, und es galt als kindisch, fast als beschränkt, in jemanden verliebt zu sein. Man mußte sich weltgewandt geben, überlegen, jeden Witz belachen, auch ziemlich haarige. Vor jeder Tanzstunde schlug mein Herz wie eine Pflasterramme. (Die Straße von der Trambahnhaltestelle zur Tonhalle hat dies Gefühl bis heute bewahrt.) Die Tänze mit den anderen Knaben habe ich nicht wahrgenommen.

Wenn er mich aufforderte, lohnte es sich, geboren zu sein. In der Spiegelwand des Übungssaales konnte ich über seine Schulter hinweg kontrollieren, ob ich bei meiner wilden Seligkeit das vorgeschriebene, gelangweilte Gesicht machte. Nach der Tanzstunde verschwand er im eigenen Wagen, was schon fast an Aschenbrödels Kutsche erinnerte, in einen Alltag, den ich nicht kannte, in einem fremden Stadtteil. Ich wußte nicht, was ihn interessierte, was er las, mit wem er umging. Ich wünschte mir glühend, ihm unvermutet in Gesellschaft zu begegnen. Ich wünschte, mich in seinen Augen auszuzeichnen. In meinem Bemühen, mich während unseres kurzen Zusammenseins interessant zu machen, die anderen aber nichts merken zu lassen, benahm ich mich verkrampft und unsicher. Es war sehr schlimm, daß mir, solange er da war, kein einziges Kleid gut stand.

Vor Angst, zudringlich zu wirken, wagte ich auch keine einzige persönliche Frage zu stellen. Einmal sammelte ich eine halbe Stunde lang Mut, um ihn zu fragen, was für ein Rasierwasser er benutze. (Meiner Nase ist diese faszinierende Mischung aus Vanille, Siegellack und Heu seitdem nirgends mehr begegnet.) Eine solche Frage wäre wie ein Sprung vom Zehnmeterbrett gewesen – sie unterblieb. Auf allen Gebieten war er der Realität entzogen.

Zu Hause seinen Namen nicht beständig zu nennen war so schwer, wie ein Dutzend Kirschkerne im Mund zu behalten. Ich schnitzte ihn vor mir in die Schulbank. Bei Klassenarbeiten trug ich ein Kärtchen in der Tasche, auf das er Name und Telephonnummer eines belanglosen Dritten gekritzelt hatte. Ich hatte keinen besseren Fetisch.

Dann war die Schule zu Ende, auch die Tanzstunde. Es kamen noch ein paar Abschlußfeste, wir gingen alle unserer Wege. Jahrzehntelang wußte ich seinen Geburtstag, die Nummer seines Autos, sämtliche Schlager, nach denen wir miteinander getanzt hatten. Ich kann seinen Siegelring beschreiben und seinen Wintermantel (der mit Murmelklaue gefüttert war), aber ich kann mich an nichts erinnern, was wir miteinander gesprochen haben. Haben wir denn immer geschwiegen?

Die Erwachsenen fanden es möglich, ja wahrscheinlich, daß er uns einmal draußen auf dem Lande besuchen würde. »Ja, ja«, sagte ich und wußte es besser. Einmal fand ich an der zu uns führenden Autostraße eine weggeworfene Zigarettenpackung, wie er sie rauchte, eine Chiffre für die Möglichkeit eines Wunders. Doch er kam nicht.

Wunder geschehen zu ihrer Zeit, nämlich zur falschen. Neulich hatte ich Grippe und war allein im Haus. Mühsam und zerzaust kroch ich aus dem Bett und zur Tür, weil es klopfte. Draußen stand Jonny, dreißig Jahre zu spät. Nur eine Sekunde lang sah ich ihn objektiv, weil ich nicht wußte, wer er war. Ich stellte fest, daß er bildschön und freundlich war und seine Augen etwas blauer, als ich sie in Erinnerung gehabt hatte.

Dann fiel alles ins alte Gleis zurück. Ich war wieder fünfzehn, verwirrt, ungeschickt. (Diesmal konnte ich es auf das Fieber schieben.) Schon heute weiß ich nicht mehr, worüber wir überhaupt gesprochen haben.

## MAX VON DER GRÜN
# Masken

Sie fielen sich unsanft auf dem Bahnsteig 3a des Kölner Hauptbahnhofes in die Arme und riefen gleichzeitig: Du?! Es war ein heißer Julivormittag, und Renate wollte in den D-Zug nach Amsterdam über Aachen, Erich verließ den Zug, der von Hamburg kam. Menschen drängten aus den Wagen auf den Bahnsteig. Menschen vom Bahnsteig in die Wagen, die beiden aber standen in dem Gewühl, spürten weder Püffe noch Rempeleien und hörten auch nicht, daß Vorübergehende sich beschwerten, weil sie ausgerechnet vor den Treppen standen und viele dadurch gezwungen waren, um sie herumzugehen. Sie hörten auch nicht, daß der Zug nach Aachen abfahrbereit war, und es störte Renate nicht, daß er wenige Sekunden später aus der Halle fuhr.

Die beiden standen stumm, jeder forschte im Gesicht des anderen. Endlich nahm der Mann die Frau am Arm und führte sie die Treppen hinunter, durch die Sperre, und in einem Lokal in der Nähe des Doms tranken sie Tee.

Nun erzähle, Renate. Wie geht es dir? Mein Gott, als ich dich so plötzlich sah ... du ... ich war richtig erschrocken. Es ist so lange her, aber als du auf dem Bahnsteig fast auf mich gefallen bist . . .

Nein, lachte sie, du auf mich.

Da war es mir, als hätte ich dich gestern zum letzten Male gesehen, so nah warst du mir. Und dabei ist es so lange her . . .

Ja, sagte sie. Fünfzehn Jahre.

Fünfzehn Jahre? Wie du das so genau weißt. Fünfzehn Jahre, das ist ja eine Ewigkeit. Erzähle, was machst du jetzt? Bist du verheiratet? Hast du Kinder? Wo fährst du hin . . .?

Langsam, Erich, langsam, du bist noch genauso ungeduldig wie vor fünfzehn Jahren. Nein, verheiratet bin ich nicht, die Arbeit, weißt du. Wenn man es zu etwas bringen will, weißt du, da hat man eben keine Zeit für Männer.

Und was ist das für Arbeit, die dich von den Männern fernhält? Er lachte sie an, sie aber sah aus dem Fenster auf die Tauben. Ich bin jetzt Leiterin eines Textilversandhauses hier in Köln, du kannst dir denken, daß man da von morgens bis abends zu tun hat und . . .

Donnerwetter! rief er und klopfte mehrmals mit der flachen Hand auf den Tisch. Donnerwetter! Ich gratuliere.

Ach, sagte sie und sah ihn an. Sie war rot geworden.

Du hast es ja weit gebracht, Donnerwetter, alle Achtung. Und jetzt? Fährst du in Urlaub?

Ja, vier Wochen nach Holland. Ich habe es nötig, bin ganz durchgedreht. Und du, Erich, was machst du? Erzähle. Du siehst gesund aus.

Schade, dachte er, wenn sie nicht so eine Bombenstellung hätte, ich würde sie jetzt fragen, ob sie mich noch haben will. Aber so? Nein, das geht nicht, sie würde mich auslachen, wie damals.

Ich? sagte er gedehnt und brannte sich eine neue Zigarette an. Ich ... ich ... Ach weißt du, ich habe ein bißchen Glück gehabt. Habe hier in Köln zu tun. Habe umgesattelt, bin seit vier Jahren Einkaufsleiter einer Hamburger Werft, na ja, so was Besonderes ist das nun wieder auch nicht.

Oh, sagte sie und sah ihn starr an, und ihr Blick streifte seine großen Hände, aber sie fand keinen Ring. Vor fünfzehn Jahren waren sie nach einem kleinen Streit auseinandergegangen, ohne sich bis heute wiederzusehen. Er hatte ihr damals nicht genügt, der schmalverdienende und immer ölverschmierte Schlosser. Er solle es erst zu etwas bringen, hatte sie ihm damals nachgerufen, vielleicht könne man später wieder darüber sprechen. So gedankenlos jung war sie damals. Ach ja, die Worte waren im Streit gefallen und trotzdem nicht böse gemeint. Beide aber fanden danach keine Brücke mehr zueinander. Sie wollten und wollten doch nicht. Und nun? Nun hatte er es zu etwas gebracht.

Dann haben wir ja beide Glück gehabt, sagte sie und dachte, daß er immer noch gut aussieht. Gewiß, er war älter geworden, aber das steht ihm gut. Schade, wenn er nicht so eine Bombenstellung hätte, ich würde ihn fragen, ja, ich ihn, ob er noch an den dummen Streit von damals denkt und ob er mich noch haben will. Ja, ich würde ihn fragen. Aber jetzt?

Jetzt habe ich dir einen halben Tag deines Urlaubs gestohlen, sagte er und wagte nicht, sie anzusehen.

Aber Erich, das ist doch nicht wichtig, ich fahre mit dem Zug um fünfzehn Uhr. Aber ich, ich halte dich bestimmt auf, du hast gewiß einen Termin hier.

Mach dir keine Sorgen, ich werde vom Hotel abgeholt. Weißt du, meinen Wagen lasse ich immer zu Hause, wenn ich längere Strecken fahren muß. Bei dem Verkehr heute, da kommt man nur durchgedreht an.

Ja, sagte sie. Ganz recht, das mache ich auch immer so. Sie sah ihm nun direkt ins Gesicht und fragte: Du bist nicht verheiratet? Oder läßt du Frau und Ring zu Hause? Sie lachte etwas zu laut für dieses vornehme Lokal.

Weißt du, antwortete er, das hat seine Schwierigkeiten. Die ich haben will, sind nicht zu haben oder nicht mehr, und die mich haben wollen, sind nicht der Rede wert. Zeit müßte man eben haben. Zum Suchen, meine ich. Zeit müßte man haben. Jetzt müßte ich ihr sagen, daß ich sie noch immer liebe, daß es nie eine andere Frau für mich gegeben hat, daß ich sie all die Jahre nicht vergessen konnte. Wieviel? Fünfzehn Jahre? Eine lange Zeit. Mein Gott, welch eine lange Zeit. Und jetzt? Ich kann sie doch nicht mehr fragen, vorbei, jetzt, wo sie so eine Stellung hat. Nun ist es zu spät, sie würde mich auslachen, ich kenne ihr Lachen, ich habe es im Ohr gehabt, all die Jahre.

Fünfzehn? Kaum zu glauben.

Wem sagst du das? Sie lächelte.

Entweder die Arbeit oder das andere, erwiderte er.

Jetzt müßte ich ihm eigentlich sagen, daß er der einzige Mann ist, dem ich blind folgen würde, wenn er mich darum bäte, daß ich jeden Mann, der mir begegnete, sofort mit ihm verglichen habe. Ich sollte ihm das sagen. Aber jetzt? Jetzt hat er eine Bombenstellung, und er würde mich nur auslachen, nicht laut, er würde sagen, daß ... ach ... es ist alles so sinnlos geworden.

Sie aßen in demselben Lokal zu Mittag und tranken anschließend jeder zwei Cognac. Sie erzählten sich Geschichten aus ihren Kindertagen und später aus ihren Schultagen. Dann sprachen sie über ihr Berufsleben, und sie bekamen Respekt voreinander, als sie erfuhren, wie schwer es der andere gehabt hatte bei seinem Aufstieg. Jaja, sagte sie; genau wie bei mir, sagte er.

Aber jetzt haben wir es geschafft, sagte er laut und rauchte hastig.

Ja, nickte sie. Jetzt haben wir es geschafft. Hastig trank sie ihr Glas leer.

Sie hat schon ein paar Krähenfüße, dachte er. Aber die stehen ihr nicht einmal schlecht.

Noch einmal bestellte er zwei Schalen Cognac, und sie lachten viel und laut.

Er kann immer noch herrlich lachen, genau wie früher, als er alle Menschen einfing mit seiner ansteckenden Heiterkeit. Um seinen Mund sind zwei steile Falten, trotzdem sieht er wie ein Junge aus, er wird immer wie ein Junge aussehen, und die zwei Falten stehen ihm nicht einmal schlecht. Vielleicht ist er jetzt ein richtiger Mann, aber nein, er wird immer ein Junge bleiben.

Kurz vor drei brachte er sie zum Bahnhof.

Ich brauche den Amsterdamer Zug nicht zu nehmen, sagte sie. Ich fahre bis Aachen und steige dort um. Ich wollte sowieso schon lange einmal das Rathaus besichtigen.

Wieder standen sie auf dem Bahnsteig und sahen aneinander vorbei. Mit leeren Worten versuchten sie die Augen des andern einzufangen, und wenn sich dann doch ihre Blicke trafen, erschraken sie und musterten die Bögen der Halle.

Wenn sie jetzt ein Wort sagen würde, dachte er, dann . . .

Ich muß jetzt einsteigen, sagte sie. Es war schön, dich wieder einmal zu sehen. Und dann so unverhofft . . .

Ja, das war es. Er half ihr beim Einsteigen und fragte nach ihrem Gepäck.

Als Reisegepäck aufgegeben.

Natürlich, das ist bequemer, sagte er.

Wenn er jetzt ein Wort sagen würde, dachte sie, ich stiege sofort wieder aus, sofort.

Sie reichte ihm aus einem Abteil erster Klasse die Hand. Auf Wiedersehen, Erich . . . und weiterhin . . . viel Glück.

Wie schön sie immer noch ist. Warum nur sagt sie kein Wort.

Danke, Renate. Hoffentlich hast du schönes Wetter.

Ach, das ist nicht so wichtig. Hauptsache ist das Faulenzen, das kann man auch bei Regen.

Der Zug ruckte an. Sie winkten nicht, sie sahen sich nur in die Augen, so lange dies möglich war.

Als der Zug aus der Halle gefahren war, ging Renate in einen Wagen zweiter Klasse und setzte sich dort an ein Fenster. Sie weinte hinter einer ausgebreiteten Illustrierten.

Wie dumm von mir, ich hätte ihm sagen sollen, daß ich immer noch die kleine Verkäuferin bin. Ja, in einem anderen Laden, mit zweihundert

Mark mehr als früher, aber ich verkaufe immer noch Herrenoberhemden, wie früher, und Socken und Unterwäsche. Alles für den Herrn. Ich hätte ihm das sagen sollen. Aber dann hätte er mich ausgelacht, jetzt, wo er ein Herr geworden ist. Nein, das ging doch nicht. Aber ich hätte wenigstens nach seiner Adresse fragen sollen. Wie dumm von mir, ich war aufgeregt wie ein kleines Mädchen und ich habe gelogen, wie ein kleines Mädchen, das imponieren will. Wie dumm von mir.

Erich verließ den Bahnhof und fuhr mit der Straßenbahn nach Ostheim auf eine Großbaustelle. Dort meldete er sich beim Bauführer.

Ich bin der neue Kranführer.

Na, sind Sie endlich da? Mensch, wir haben schon gestern auf Sie gewartet. Also dann, der Polier zeigt Ihnen Ihre Bude, dort drüben in den Baracken. Komfortabel ist es nicht, aber warmes Wasser haben wir trotzdem. Also dann, morgen früh, pünktlich sieben Uhr.

Ein Schnellzug fuhr Richtung Deutz. Ob der auch nach Aachen fährt? Ich hätte ihr sagen sollen, daß ich jetzt Kranführer bin. Ach, Blödsinn, sie hätte mich nur ausgelacht, sie kann so verletzend lachen. Nein, das ging nicht, jetzt, wo sie eine Dame geworden ist und eine Bombenstellung hat.

# Hab' ich euch schon erzählt . . .?

Jeder hat im Schatzkästlein seiner Erinnerungen Erlebnisse, die der für erzählenswert hält, und sucht »Kundschaft« dafür. Da aber vieler Leute Erzähllust größer als ihr Bekanntenkreis ist, passiert es, daß man einem Erzähl-Lüstling gegenübersitzt, der kriegt plötzlich, angeregt vom Wort »Kellertür«, gieriges Glitzern ins Auge und fragt: »Hab' ich eigentlich schon erzählt, wie mich die Berger damals im Keller eingesperrt hat?«

Natürlich hat er, nicht nur einmal, zehnmal! Jeder kennt die Keller-Story auswendig, weiß, wie Alois auf der Treppe saß, an der Tür pochte, sich heiser schrie, ohne daß Hilfe nahte. Jeder kennt sogar etliche Fassungen der Story. Die mit der Maus, die Männchen machte, die mit der Ratte, die böse pfiff, die, in der Befreiung um Mitternacht erfolgte, und die, in der er bis zum Morgen im Keller verblieb. Am besten kennt Aloisens Frau die Story in allen Varianten, die sitzt ja immer neben ihm, wenn er vorträgt. Und so zischelt sie: »Klar hast du das!« Aber für Alois gilt, wenn's ans Erzählen geht, seiner Frau Wort nie. Forschend blickt er in die Runde, zweifelnd fragt er: »Hab' ich echt?«

Da muß man ein sehr hartherziger Mensch sein, um kaltlächelnd »Ja« zu sagen, und Alois weiß, daß Berta kein solcher ist. So fixiert er sie, legt Flehen in die Stimme, fragt: »Dir auch?«

Da zögert Berta nur kurz, dann sagt sie: »Erinnern kann ich mich eigentlich nicht.« Und bevor ein anderer Veto einlegen kann, legt Alois los, und während er beglückt schildert, kriegt Berta von ihrem Hugo unterm Tisch Tritte gegen das Schienbein, zur Strafe für die der ganzen Runde angetane Tortur.

Aber tags darauf, in anderer Runde, bekommt Hugo plötzlich, angeregt von der Nennung des Namens »Alois«, gieriges Glitzern in die Augen und fragt: »Hab' ich euch eigentlich schon erzählt, wie hilflos die Berta immer ist, wenn der Alois seine uralten Geschichten erzählen will?«

»Hast schon zehnmal!« zischelt Berta, und Hugo fixiert Maria, die gute Haut, und fragt mit flehentlicher Stimme: »Dir auch?«

Worauf Maria nur kurz zögert und sagt: »Erinnern kann ich mich eigentlich nicht.« Dann legt Hugo los, bevor ein anderer Veto einlegen kann, und diesmal bekommt Maria Tritte ab.

Wahre Güte muß eben immer leiden und lohnt auch nicht, denn wenn es Berta oder Maria einmal passiert, daß sie aus dem Schatzkästlein ihrer

Erinnerungen eine Geschichte zum zweiten Mal holen, sind Hugo und Alois die ersten, die lauthals protestieren.

UNNI LINDELL

# Ich spüre noch den Duft der Rosen

Die Gartenstadt Ullevål ist eine angenehme Wohngegend, mit interessanten alten Häusern. Dieses hier ist ein Steinhaus in deutschem Stil. Erbaut zu Anfang dieses Jahrhunderts.

Die Häuser, allesamt Zwei- oder Vierparteienhäuser, haben kleine Gärten mit Apfelbäumen, Pflaumenbäumen, Rosen und weißen Bänken. Mitten in der Gartenstadt liegt der Damplass, ein gepflasterter offener Platz mit kleinen Läden. Ein Springbrunnen und eine hübsche Statue stehen mitten auf dem Platz, und im Sommer gluckert der Springbrunnen munter.

Im Sommer ist es heiß. Die Sonne knallt auf die hellbraunen Mauern. Die Pflastersteine wirken fast weich unter unseren Schuhsohlen.

Zwischen den Steinhäusern hallt der Lärm spielender Kinder wider.

In den hohen Bäumen der kleinen Gärten saust und raschelt ab und zu der Wind, aber er reicht nicht aus, um die stillstehende Hitze wegzufächeln.

Aber so ist es nur an den allerheißesten Tagen im Juli.

In der Ferne dröhnt der Verkehr. Obwohl es ja ein wenig übertrieben ist, von der Ferne zu reden. Wir liegen doch mitten in der Stadt. Zehn Minuten zu Fuß nach Majorstua und noch weniger zum Krankenhaus Ullevål.

Ja, die Gartenstadt ist etwas ganz Besonderes.

Und wir, die wir am längsten hier wohnen, ja, noch immer sind wir in der Überzahl, wir sitzen auf den Bänken unter den Apfelbäumen und lassen die Sonne auf unsere runzligen Hände brennen, während wir die Kaffeetasse zum Mund führen und einfach Gesellschaft und Ort genießen.

Und die Fenster sind etwas ganz Besonderes. Die Verglasung der Erker, die aus den Fassaden hervorspringen. Weiße Spitzengardinen, die sanft im Wind wehen. Ein graublauer Krug auf der Fensterbank, voller Sommerblumen, hier gepflückt, zwischen den Häusern, in den Gärten.

Ja, ich bin bald eine alte Dame. Obwohl – alt, was ist das eigentlich?

Ich bin dieselbe. Aber das wissen die anderen wohl nicht. Sie sehen die braunen Flecken auf meinen Händen, sie sehen die hervorstehenden dünnen, blauen Adern. Sie sehen mein Gesicht, das um die Augen und auf den Wangen voller Runzeln ist. Und sie sehen meinen leicht gebeugten Körper. Meine schweren Brüste liegen gut versteckt unter dicken Kleidern. Nur ab und zu, an solchen schrecklich warmen Tagen, trage ich einfach nur ein Oberteil. Dann spüre ich meine Haut in der Sonne brennen, und ich kann im gleißenden Licht die Augen schließen und hinter meinen Augenlidern Bilder sehen, die noch immer in mir stecken, wenn auch verwässert und etwas blasser.

Aber die Farben sind dieselben wie vor langer Zeit. Die helle Farbe der Haut wird wohl nicht aus der Erinnerung verschwinden. Der Geruch von nasser Haut und weichen Lippen.

Ich saß im Garten, als der Möbelwagen kam. Groß und grau wie ein keuchender, schwitzender Elefant dröhnte er durch die Stille und blieb vor dem Gartentor gegenüber stehen.

Das Haus hatte einige Zeit leergestanden.

Zwei große Männer in Arbeitskleidern trugen keuchend die modernen Kiefernmöbel ins Haus. Grünpflanzen, gerahmte IKEA-Plakate, bunte Teppiche und weiße Lampen wurden ins Haus geschafft.

Ich blieb sitzen.

Eine Weile darauf kam der Wagen zum zweitenmal, mit Kühlschrank und Waschmaschine.

Ich saß unter meinem Apfelbaum und stellte mir vor, was für Leute hier wohl einziehen würden. Daß sie jung waren, war leicht zu erraten.

Ich blieb sitzen, bis ich Hunger bekam und die Sonne sich schon hinter die Dächer verzog.

Oben in meiner weißen, sauberen Küche machte ich mir einen Salat und briet Fisch.

Ich aß am Tisch vor dem offenen Fenster.

Und als die Nacht kam und ich auf dem Sofa im Wohnzimmer lag, konnte ich die Geräusche der warmen Sommernacht hören, und alle Bilder an der Wand leuchteten schwarzweiß aus den alten Rahmen. Und während mein Herz mit leichten Hammerschlägen die Erinnerungen hervorpochte, stiegen alle Säfte von damals so stark in mir auf, daß ich mich zwingen mußte, auf die Verkehrsgeräusche unten auf der Straße zu lauschen, damit meine Tränen und die alten Melodien nicht wieder ihren stillen Tango in der Nacht tanzten.

Zwei Tage später kamen sie.

Dieser Tag war ebenso heiß, aber die Sonne brannte nicht ganz so arg. Es war ein leichter Dunst aufgekommen.

Er fuhr mit dem roten Auto mitten auf den Hof.

Sie stieg zuerst aus. Klein und blond in einem weißen Sommerkleid. Wie dünn sie war, und die schmale Taille! Sie wog bestimmt nicht viel. Und dann er, mit braunen zerzausten Haaren über dem braunen Gesicht. Sein hellblaues Hemd hing lässig über der hellen Sommerhose. Er war groß und kräftig. Dann wurden die Fenster aufgerissen, und die Geräusche strömten heraus. Hammerschläge, Lachen, Gemurmel, Kratzgeräusche. Plötzlich wurde ein Flickenteppich aus dem Fenster gehängt und zitterte unter den kleinen, harten Schlägen.

Eine Platte wurde aufgelegt, vielleicht war es auch das Radio. Hitzige und glückliche Musik tobte aus dem offenen Fenster.

An diesem Tag saß ich lange im Garten. Bis sich die Dämmerung zwischen Steinhäuser und Asphalt schlich und die grünen, saftigen Blätter an meinen Apfelbäumen einhüllte.

Am nächsten Tag sah ich, daß einer meiner Rosenbüsche abgebrochen war. Eine schwere, schöne Rose ließ ihre dünnen roten Blätter hängen. Ich holte eine Schere und schnitt sie vorsichtig ab. Die Dornen waren spitz. Ich hatte mich schon oft daran gestochen.

Ich nahm die Rose und überquerte damit die Straße. Ich wollte die neuen Nachbarn begrüßen.

Sie nahm die Rose an und knickste. Wirklich, sie knickste. Ich dachte, die jungen Frauen machten so etwas nicht mehr.

Er rückte mir einen Stuhl zurecht, und ich nahm am Kieferntisch Platz. Es war gemütlich bei ihnen. Der Tee schmeckte wunderbar.

Ich wollte sie auch gern zu mir einladen. Sie sollten meinen hausgemachten Kirschlikör probieren. Der war vom letzten Jahr und schmeckte jetzt besonders gut. Sie versprachen, irgendwann zu kommen.

Ich stellte die Flasche und die kleinen Kristallgläser schon einmal auf die Anrichte. Da konnten sie stehenbleiben.

Das Wetter wurde etwas schlechter. Es kamen einige graue Regentage. Das war traurig, aber das Gras und die Rosen und natürlich die großen Bäume tranken und wurden noch grüner. Sogar die Pflastersteine tranken, so kam es mir wenigstens vor.

Die neuen Nachbarn gingen jeden Tag früh zur Arbeit aus dem Haus. Sie arbeitete also auch. Ja, sie hatten ja auch keine Kinder, was sollte sie da schließlich zu Hause.

Dann folgten wieder sonnige Tage, aber der Herbst schien doch schon zwischen Zweigen und Blumen hindurchzulächeln. Vorläufig war es nur ein leichtes Lächeln.

Eines Abends kamen sie spät nach Hause. Es war ein Samstag. Als die Autotür geöffnet wurde, hörte ich laute Stimmen, vor allem seine.

In ihrer Wohnung war es sicher heiß und stickig, denn sie öffneten das Fenster. Ihre Stimmen vibrierten in der stillen Sommernacht, und ich spürte mein Herz hämmern. Vor Angst und Kummer.

Und dann wurde es wirklich Herbst.

Er half mir beim Äpfelpflücken. Obwohl sie selber auch hohe Bäume hatten, wollte er mir helfen. Er stand ganz oben auf der alten Leiter und ließ die Früchte in den großen braunen Korb fallen, der im Winter hinter der Kellertür stand.

Danach saßen wir in der Küche und tranken Kaffee. Ich fand es so gemütlich, junge Leute im Haus zu haben. Er hatte die Ärmel hochgekrempelt und aß selbstgebackenen Apfelkuchen und trank dabei in großen Schlucken seinen Kaffee. Die Muskeln seiner bloßen Unterarme bewegten sich geschmeidig unter seiner Haut, und obwohl ich eine alte Frau bin, spürte ich tief unter meiner runzligen Haut etwas Feuchtes und Klebriges.

Später kam er oft. Wir plauderten, er half mir, Holz hochzutragen. Er trug mir die Gartenmöbel in den dunklen Keller. Und wir standen dicht beieinander auf der finsteren Kellertreppe. Einmal kam er mit seinem Rücken meiner Brust nahe. Ich fuhr zurück.

Sie kam nie mit. Ich bat ihn, sie mitzubringen, aber er sagte, sie hätte so viel zu tun. Irgendwelche Schreibarbeiten. Und ab und zu kippte sie ihr Fenster, und der Gesang ihrer Schreibmaschine hörte sich an wie das Steppen spitzer Schuhe.

Als der erste Schnee fiel, wurde mein Garten gleichsam vom Frost getötet. Langsam gefoltert, dachte ich. Die Zeit stand still, die Blumen atmeten nicht mehr, und die Blätter erfroren bei lebendigem Leib, ohne erst faulen zu können. Unbarmherzig wurde das Gras unter der dünnen weißen Decke grün erhalten. Ich stand am Fenster und sah es mir an.

Dachte an den Frühling, der noch so weit weg war. Sah die Eiszapfen, die wie die Finger des Todes von den Zweigen hingen und meine Zehen kitzelten, aber lachen mußte ich nicht.

Und die Stille in der Luft, die geschlossenen Fenster und meine dicken Kleider jagten mich von Fenster zu Fenster, rastlos wie eine erfrorene Rose. Und ich starrte hinaus, sah aber nichts.

Oft stand sie am Fenster gegenüber. Ich sah sie fast jeden Tag. Still und klein stand sie da mit ihren blonden Haaren und ihrer dünnen Taille.

Nur ab und zu stieg sie mit ihm frühmorgens ins Auto und fuhr mit ihm zusammen fort.

An einem besonders kalten Tag sah ich sie. Sie schob die dünne Gardine beiseite und stand einfach da.

Ich bin eigentlich nicht besonders neugierig. Ich wollte das nicht sein. Trotzdem nahm ich mein Fernglas, hielt es vor meine Augen und verirrte mich zwischen Steindächern und schneebedeckten Bäumen, ehe ich ihr Fenster fand. Ich fuhr zusammen. Was ich sah, blieb wie ein blutiger Schrei in meinem Hals stecken. Ihre Augen.

Herrgott, was für Augen. Wie groß sie waren, wie blank. Ich hatte sie schon lange nicht mehr gesehen.

Das eine Auge umgab ein hellvioletter Ring, groß wie eine Faust, und ihr Mund war auf einer Seite geplatzt. Geronnenes Blut. Und das Schlimmste waren die Haare. Als sie sich ein wenig umdrehte, konnte ich sehen, daß große Flächen ihrer Kopfhaut einfach kahl waren. Ihre blonden Haare hingen in Büscheln auf der einen Seite.

Aber dann drehte sie sich plötzlich in die andere Richtung, und auf dieser Seite waren ihre Haare dick und golden und glänzten. Im nächsten Moment hatte sie die dünne Gardine wieder vorgezogen.

Ich legte das Fernglas auf die Kommode. Begegnete im Spiegel meinem verängstigten Blick und sah meinen Mund vor Empörung halb offenstehen.

Am nächsten Tag kam er.

Wie immer setzte er sich auf mein graues, altmodisches Sofa und nahm die Kaffeetasse, die ich ihm anbot. Er erzählte von seiner Arbeit. Von seiner Beförderung, und wie wohl sie sich hier fühlten.

Erst nach langer Zeit erkundigte ich mich nach ihr.

Es ginge ihr gut, antwortete er rasch. Etwas zu rasch. Und er sah mir tief in die Augen, als er erzählte, sie habe eine Grippe.

Sie hatten niemals Gäste, und sie luden mich auch nie zu sich ein. Aber eines Nachmittags kam sie mit ihm zu mir. Sie saßen nebeneinander auf dem Sofa. Er legte ihr den Arm um die Schulter. Sie beugte sich vor und nahm mit ihren dünnen Fingern die Kaffeetasse. Und sie trank den heißen Kaffee in langen Zügen.

Ich hatte ein kleines Bild. Der Rahmen war aus Gold. Es stellte ein kleines Mädchen dar, das sich der Sonne entgegenstreckte. Ich stand auf und nahm das Bild von der Wand. Gab es ihr. »Das ist für Sie«, sagte ich. Sie starrte das Bild an, fuhr langsam mit den Fingern über das Glas und sah es an. Als ihr mein Blick begegnete, war ihrer hell und düster zugleich. »Tausend Dank, aber das ist doch wirklich nicht nötig«, sagte sie.

Er lächelte von einem Ohr zum anderen. »Wie schön, daß wir eine Nachbarin wie Sie haben«, sagte er.

Vierzehn Tage später wollte ich einkaufen gehen. Es war schrecklich kalt. Der harte, scheußliche Schnee türmte sich zu großen Haufen auf, die das Räumfahrzeug zusammengeschoben hatte. Ich trug einen dicken Mantel, einen Hut und Stiefel.

Am nächsten Tag war Müllabfuhr.

Die Mülltonnen standen gleich vor den Haustüren. Ich mußte an ihrer vorbei, wenn ich zum Damplass wollte.

Und da sah ich es. Ich wandte mich ab. Der Anblick traf mein Gesicht auf so schmerzliche Weise, daß ich mir auf die Zunge biß und sie anfing zu bluten. Das Bild. Es lag zwischen matschigen Bananenschalen. Es war zerbrochen. Der glänzende Rahmen war in kleine Stücke zerschlagen und das Bild des kleinen Mädchens zerrissen. Und unter dem Bild, zwischen der Bananenschale und dem zerbrochenen Rahmen, sah ich einige Haarsträhnen hervorlugen. Sie waren hellblond.

Mir wurde schlecht, und ich mußte mich über eine Schneewehe bücken, weil ich glaubte, mich erbrechen zu müssen, aber nichts kam.

Später sah ich sie oft am Fenster. Aber sie stand hinten im Zimmer und starrte hinaus. Drinnen war es zu dunkel, und deshalb konnte ich mit dem Fernglas ihr Gesicht nicht erkennen.

In diesem Winter weinte ich viel. Weinte über meine zitternden kalten Gefühle, die wie gesplittertes Licht unter meiner Haut steckten, und immer wieder erwachte ich nachts und spürte, daß mein Mund voller Eiszapfen war.


Es wurde Frühling.

Langsam verschwand der Schnee, und das weiße, blaue Feuer, das sich in den Zweigen meines Baumes festgebrannt hatte, schmolz naß und langsam. Tagsüber war es naß, nachts erstarrte das Wasser.

Eines Tages öffnete ich mein Fenster, und plötzlich sah ich im Baum einen Vogel. Der zwitscherte enthusiastisch und frech und schlug dabei mit den Flügeln. So heftig, daß zwei Federn langsam auf den verdreckten, dünnen Schnee hinunterfielen.

Und dann flog er weg.

Bald war der Rasen hellgelb, dann braun, dann hellgrün, dann grüner. Aber die Erde war noch immer roh und schwarz.

Ich sah es eines Morgens, ganz früh. Es war noch nicht sieben.

Im Garten gegenüber war der Boden gleich bei ihrem großen Apfelbaum umgegraben worden. Die Stelle war groß, etwa zwei Meter lang und fast einen Meter breit. Frisch und schwarz lag die Erde da und leuchtete zwischen den schwarzen, leeren Zweigen.

Ich sah viele Tage lang niemanden.

Die Angst saß mir wie ein Kloß im Hals. Ich konnte nicht schlafen, nicht essen, nichts.

Ich sah sie, als die Blätter sich aus den braunen Zweigen herausgekämpft hatten. Klein, dünn und hellgrün waren sie, wie Seidenpapier. Alles war so durchsichtig. Wie sie. Sie hockte neben der umgegrabenen Stelle und kehrte mir den Rücken zu.

Ich ging über die Straße. Öffnete ihr Gartentor. Es quietschte. Sie fuhr herum. Sprang auf und sah mich an. Sie hielt eine Samentüte in der Hand.

Auf dem Bild sah ich, daß sie Ringelblumen säte. Ihr Mund war auch ohne Lippenstift rot.

»Ich säe«, sagte sie leise.

Sie hob die Tüte und zeigte sie mir. »Ringelblumen.«

Ich antwortete ruhig, daß das zähe Blumen seien.

»Ob die wohl schnell wachsen?« erkundigte sie sich.

Ich sah sie an. Ihre blonden Haare waren dick und kurz.

»Du hast eine neue Frisur«, sagte ich.

»Ich hab' sie schneiden lassen«, antwortete sie.

Ich blickte kurz in meinen eigenen Garten hinüber. Sah Bäume und Büsche sprungbereit dastehen. Muntere Blätter klammerten sich an den Zweigen fest.

»Weißt du«, sagte ich plötzlich. »Ich habe zu viele Rosensträucher. Die stehlen sich gegenseitig die Nahrung. Möchtest du ein paar abhaben? Die könnten wir hier pflanzen.«

Sie strahlte. »Gerne«, sagte sie schnell.

Sie nahm einen Spaten, den sie an den Baum gelehnt hatte, und zusammen gingen wir zu mir.

Ich war erstaunt darüber, wie kräftig sie war. Ihre dünnen, weißen Arme gruben die Wurzeln mit wütenden Bewegungen aus der schwarzen Erde.

Zusammen trugen wir die Sträucher über die Straße.

Bald war ihr Beet besetzt von gespreizten Dornenzweigen ohne Blätter.

»Wachsen die schnell?« fragte sie.

»O ja«, antwortete ich. »Rosen sind stark.«

Ich mußte ja fragen, wo er war.

Sie hielt meinem Blick stand, und ich sah ihr tief in die Augen.

»Er wohnt nicht mehr hier«, sagte sie. »Er kommt nicht mehr zurück. Verstehst du, wir haben nicht zueinander gepaßt, er und ich.«

Am Johannisabend lud sie mich zu sich ein. Ich sagte gerne zu. Und dann saßen wir unter dem Baum auf der weißen Bank. Jede hielt ein großes Glas mit meinem guten Likör in der Hand. Und die Rosen dufteten lieblich. Groß, stark und saftig waren die Blütenblätter. Die Ringelblumen standen da, gelb und orange, mit dicken, kraftstrotzenden Stengeln. Mutige Blumen, dicht, lebendig.

Und als ich auf sie hinuntersah, denn sie war kleiner als ich, wußte ich, daß ich nicht alt war.

Sie war älter als ich, obwohl ihre Haut fast noch keine Runzeln hatte. Und ich schloß einen Moment lang die Augen und spürte, wie die Säfte mich durchströmten. Erinnerte mich an Haut, an lebendige Haut vor langer Zeit, und ohne daß mir das bewußt wurde, flossen die Tränen langsam wie kleine Flüsse zwischen den Nerven und Linien in meiner Haut.

Sie sprang auf und riß eine Rose an sich. Die größte, die hitzigste von allen. Und sie stach sich in den Handrücken. Das Blut floß, aber sie sah die Wunde nicht an, sie sah nur mich an, und ich nahm die Rose an.

Das Blut der Blütenblätter, ihr Blut, floß auf meine Haut, und in diesem Moment kam eine hauchzarte Sommerbrise auf und ließ die Blätter der Rosen und die Ringelblumen, die dort quicklebendig standen, leise rascheln.

# Das »scheue Wild«

Seit die Männerlosigkeit bei uns selbständigen und »gestandenen« Frauen um sich greift (die Kinder sind endlich auf den Weg geschickt, die Karriere floriert), taucht dieses Thema immer wieder in unseren Gesprächen auf und wird, wenn auch schmunzelnd, hin und her gewendet, ohne daß man sich so recht einig ist, woran es liegt. Dazu muß gesagt werden, daß die gängige These, es gäbe einfach keine guten Männer in unserem Alter, sie wären entweder verheiratet oder kaputt, von uns allen abgelehnt wird als zu simpel negativ. Außerdem schmeckt sie nach Resignation. Da gibt es natürlich die Gruppe, die auf Selbständigkeit pocht und diese genießt, samt dem dazugehörigen Alleinleben. Leider bleibt dabei die Sexualität auf der Strecke, denn der muntere »Quicky«, wie ihn einst Erica Jong propagierte, ist seit Aids nicht mehr so verlockend wie zuvor. Die, die zugeben, gerne wieder eine feste Bindung einzugehen, halten diverse Erklärungen für ihren Einzelstatus parat. Die einen sagen, es läge daran, daß man sich endlich mühsam ein paar »männliche« Fähigkeiten angeeignet habe, um seine Frau zu stehen, Selbstsicherheit, Mut, Logik, Realismus, dazu die Befriedigung, gut im Beruf zu sein und die Abhängigkeiten von früher über Bord geworfen zu haben. Eben diese Eigenschaften jedoch, so behaupten sie, hielten die Männer auf Abstand. Sie wollten keine Frau, die abends todmüde, aber glücklich aus dem Büro heimkehre, die sich teure Klamotten selber kaufe und bei Diskussionen immer die Schnauze vorne habe. Mag sein. Einige behaupten, es läge an der hohen Meßlatte für Männer, welche die Frauen mit zunehmendem Alter und dem damit verbundenen Selbstgefühl immer bewußter anlegten: Man nähme sozusagen immer seltener den ersten besten zur Brust, und damit käme man um die ganze Erfahrung herum, von vorne herein. Wieder andere glauben, es läge an der Angst der Frauen, sich fest zu binden und sodann vielleicht wieder in das Muster früherer und schwächender Partnerschaftskonzepte zurückzurutschen. Dann gibt es jene, die rundheraus behaupten, die heutigen Männer fürchteten sich vor starken und selbstbewußten Frauen, da diese auch von ihnen eine gewisse Emanzipation forderten und deshalb nicht mit der alten Masche zufriedenzustellen seien. »Wir sind eine Herausforderung«, sagen jene. »Wir haben uns entwickelt und gezeigt, daß dies möglich ist.« Scheuen Männer diesen Prozeß noch heute? Ich weiß es nicht. Mir scheint, auch sie mühen sich in den Grenzen ihrer Möglichkeiten, wenigstens einige.

Es herrscht auch keine Übereinstimmung darüber, wie ein Mann zu suchen sei. Soll man überhaupt suchen? Ich bin dagegen. Ich bilde mir ein, er kommt, wenn er kommt. Das trägt mir von gewissen Damen die Rüge des Fatalismus ein, man prophezeit mir schlimme Folgen. Diverse Frauenzeitungen halten immer wieder Tips parat. Wo man es aufspüren konnte, das scheue Wild Mann. Ich sehe keine allzu großen Erfolge bei unserem Außenflügel, der sich der Jagd verschrieben hat.

Ilse hat neulich eine neue Liebe im Stoffgeschäft kennengelernt. Das spricht für meine These. Er trat ihr auf den Fuß, in der Crêpe-de-Chine-Abteilung. Wer erwartet dort einen Mann? Ilse ist also saniert. Wir anderen ziehen unsere Schlüsse. Es ist natürlich möglich, die gewünschten Partner nach strategischen Plänen aufzuspüren. Wie ist ein Mann, den man im Feinkostladen vor den Schinken und Räucherwürsten kennenlernt? Ist er ein Freßsack oder ein Gourmet? Die Frage bleibt offen.

Nun lese ich unentwegt, daß die Männer auch so einsam sind, wo sind die eigentlich? Ich sehe sie in den Bars zusammenhocken, ich sehe sie im Fitneßclub schwitzen, ich sehe sie auf Messen herumlungern, auf Vernissagen. In ihrem Auge steht Mißtrauen, nicht Sehnsucht.

Viele von uns Frauen sind einsam, wenn auch nur gelegentlich und verstohlen. Leisten dürfen wir uns das eigentlich gar nicht, wir haben gefälligst tapfer zu sagen: »Wir können sehr gut ohne«, aber an manchen Abenden – nun ja. Natürlich haben wir alle Angebote – bitte sehr. Aber eben nicht die richtigen. Da sind die Herren, die Halt suchen – wollen wir das? Da sind die, die Unterhalt suchen – wollen wir das? Dabei sind die, die Unterhaltung suchen, noch die Besten, aber auf lange Sicht? Da sind die Verhaltenen (Sex spielt keine Rolle mehr für mich) und die Haltlosen (Sie sind doch auch kein Kind von Traurigkeit, liebe gnädige Frau!) und die Handhalter (Ich suche einen Kumpel). Wir sind uns einig. Seit wir keinen Mann mehr »brauchen«, so wie früher, nämlich in Abhängigkeit, wünschen wir uns einen erwachsenen und gleichwertigen Partner, der uns so akzeptieren kann, wie wir sind, ohne uns kleiner oder größer machen zu müssen, ohne in seiner Männlichkeit zu leiden, wenn wir neben ihm »stehen«, nicht »liegen« oder »sitzen«.

Fast all die Frauen, von denen ich hier spreche, wünschen sich einen Kerl, der ihnen erlauben kann, so zu sein, wie wir gottlob jetzt sind, und der bereit ist, die Bemutterung und Bevaterung abwechselnd ins Skript aufzunehmen. Einen, der uns nicht auf eine von uns mühsam überwundene

Rolle festzulegen trachtet, damit er sich, wie er glaubt, wohl fühlen kann.

Allein sind wir jedenfalls nicht, auf jedem Fest trifft man ganze Rudel der prächtigsten Singlefrauen, vielleicht liegt es daran, vielleicht verwirrt das Angebot die Nachfrager. Dennoch. »Keinen Mann um jeden Preis«, sagt Shere Hite. Wir stimmen ihr zu. Aber nicht für alle Zeiten, bitte!

Im ›Spiegel‹ lese ich, die Männer rüsteten sich dazu, den wilden Mann mit Gemeinsinn und Verantwortungsgefühl auf den Markt zu werfen. Einen Kerl, der sich auf die tiefen Quellen männlicher Kraft berufen kann und deshalb seine kraftvolle Partnerin genießt und nicht verbraucht, fürchtet, niederzwingt oder nicht ernst nimmt.

Kann man das noch abwarten? Schön wäre das.

TESSA DE LOO

# Rosa, mit bizarren Stückchen gelb dazwischen

Scheinbar unempfindlich gegen die Hitze oder gerade durch sie zum Leben erweckt, kletterte eine scharlachrote Spinne direkt vor meinen Augen einen Grashalm hinauf. Eine rote Spinne aus einer Welt, wo die Bäume blau, die Lüfte gelb und der Mond violett waren, hatte sich hierher verirrt und war zufällig auf unserem großen, grünen Rasen gelandet. Als sie oben angekommen war, blieb sie reglos sitzen. Ob etwas in ihr vorgeht, dachte ich, wundert sie sich, fragt sie sich, ob ein Spinnenleben ausreichen wird, um auf alle Grashalme dieses Rasens zu klettern?

Ich traf eine Abmachung mit mir: Wenn ich bis hundert zähle und sie reglos sitzen bleibt, habe ich mir diesen peinlichen Vorfall heute nachmittag nur eingebildet, dann habe ich meinen Vater nicht mit meiner Bemerkung gegenüber seinem in Watte gepackten Besuch in äußerste Verlegenheit gebracht.

Ich hatte mich auf Wunsch meiner Eltern in meinem gestärkten Sonntagskleid präsentiert. Die vier erwartungsvoll auf mich gerichteten Gesichter gaben mir den Eindruck, ich könnte mir alles erlauben, und dadurch wurde ich übermütig und sagte etwas, was nicht zurückgenommen werden konnte.

Ein stechender Schmerz im Magen erinnerte mich ständig daran; damit ich ihn nicht spürte, hatte ich mich bäuchlings ins Gras gelegt.

Ich würde es nie wiedergutmachen können.

Mutlos begann ich zu zählen, aber mittendrin vergaß ich, warum ich zählte, und hörte auf. In der Hitze konnte ich mich nicht konzentrieren. Sogar der tausendfache Schatten der Akazie, unter der ich lag, bot kaum Kühle. Die oberen Knöpfe meines Kleides hatte ich schon aufgemacht, aber es kniff an der Taille und den Oberarmen immer noch. Das Kleid gönnte mir nicht, daß ich wuchs; ich verdächtigte meine Mutter, mich künstlich klein halten zu wollen. Alles war in grelles Sonnenlicht getaucht und tat mir in den Augen weh. Die bemooste Statue einer monströsen Männergestalt mit Bocksfüßen und Schwanz, die mitten im Gras stand, war ausdruckslos geworden. Meist schien er seine Anwesenheit in unserem Garten als einen unpassenden Scherz zu verstehen, nach dem einen hochgezogenen Mundwinkel zu urteilen, während er den anderen in tiefer Verachtung herabzog; nun hatte ihn das Übermaß an Licht gleichgültig gemacht.

Mathijs saß im Schatten des Sockels und war dabei, einen alten Messingwecker auseinanderzunehmen. Die Einzelteile stopfte er in eine rostige Blechbüchse. Seine Aufmerksamkeit war genauso gespannt wie die Feder der Uhr, bevor er sie herausgerissen hatte. Seine Umwelt existierte für ihn nicht mehr: indem er den Mechanismus des Uhrwerks enträtselte, würde er das Mysterium des Universums offenlegen. Vor lauter Eifer hatte er den Mund geöffnet und die Unterlippe vorgeschoben.

Insekten kitzelten mich in den Kniekehlen, ich schlug die Beine im Gras auf und nieder.

Gisela hatte die Terrasse in Beschlag genommen. Sie hatte ihr abgegriffenen Puppen und Kuscheltiere auf die weißgestrichenen Gartenstühle verteilt und goß aus einer winzigen Teekanne zitronengelbe Limonade in winzige Täßchen. Äußerst zufrieden, weil sie alle Fäden in der Hand hatte, half sie ihnen beim Trinken. Einzig der Bär war ein Spielverderber: Sein Kopf knickte dauernd um, weil er keine Füllung mehr im Hals hatte. Ihre molligen Händchen umfaßten vorsichtig die winzigen Henkel der Tassen, langsam bewegte sie sich vom einen zum anderen, sprach ihnen beruhigend zu und setzte sie manchmal anders hin.

Ich würde nie mehr unbekümmert spielen können. Vielleicht war ich dafür plötzlich zu alt geworden. Früher oder später kam der Tag, wo es keinen Spaß mehr machte, Mutter von ein paar Plastikpuppen zu sein oder sich einzubilden, ein aus alten Stofflappen zusammengebasteltes Zelt wäre ein Haus.

Ich hatte das Gefühl, daß ich nie mehr zu irgend etwas Lust haben würde. Es juckte mich nun überall, als seien alle im Garten vorhandenen Insekten in Schlachtordnungen aus den Grashalmen hervorgekrochen, um mich zu piesacken.

Das Haus schwieg. Fenster und Türen waren hermetisch geschlossen, damit die Hitze draußen blieb. Hohe Bäume mit reglos herabhängenden Blättern beugten sich über das Dach und betteten das Haus in eine schattige Mulde. An der Straßenseite bildeten die miteinander verschlungenen Kronen das Dach eines Tunnels, durch den die Außenwelt in den Garten eindringen konnte. So hatte sich auch Herr De Gaai, dessen Name tagelang wie ein Seufzer durchs Haus gegangen war und sich hinter verschlossenen Türen versteckt hielt, an diesem Morgen Zugang in unser Haus verschafft. Seine Frau, deren beigen Plisseerock ich zwischen den Baumstämmen durchschimmern sah, als sie sich staksig auf ihren hohen Bleistiftabsätzen fortbewegte, folgte in seinem Kielwasser.

Zwei Tage vorher war Parel nicht zum Essen erschienen. Sein Emailnapf mit rohem Herz blieb unangerührt, ein paar Stunden später waren die weichen roten Brocken braun geworden und hatten harte, ausgetrocknete Ränder.

»Er ist ein ausgewachsener Kater«, sagte mein Vater, »er wird wohl auf Freiersfüßen sein.«

In der Nacht fuhr ich aus dem Schlaf hoch. Ein klägliches und vorwurfsvolles Miauen war bis in mein Unterbewußtsein vorgedrungen. Parel war zurückgekommen! Nachdem er an der Tür hochgesprungen war und mit den Vorderpfoten an der grünen Farbe gekratzt hatte, saß er nun da, starrte trostlos vor sich hin und begriff nicht, warum er sich einem verschlossenen, katzenfeindlichen Haus gegenübersah.

Ich glitt schnell aus dem Bett. Mein Körper war feucht, zitternd schlich ich über den kalten Linoleumfußboden. Die Tür ging leise quietschend auf. Geräuschlos, fast schwebend, ging ich die Treppe hinunter, durch den Flur, die Küche, die Waschküche. Feuchte Laken, die an den Wäscheleinen hingen, schlugen mir ins Gesicht und versuchten wie weiße Gespenster nach mir zu greifen. »Ich komme, Parel«, flüsterte ich, »ich komme.«

Mit meinem ganzen Gewicht drückte ich mich gegen den Türriegel, um ihn aufzuschieben. Das Mondlicht fiel in einem Streifen herein, dann in einer breiten Bahn. Darin hätte sich Parels Silhouette abzeichnen müssen.

Fieberhaft suchte ich die Terrasse ab, schaute hinter den Mülleimer, unter den Gartentisch, hinter einen Topf mit Petunien. Danach ließ ich meinen Blick über den Rasen schweifen, auf den die Bäume strenge Schatten warfen. Der Mann mit den Bocksfüßen lachte geheimnisvoll, als wüßte er genau, wo sich Parel befand. Warum schaust du nicht hinter meinen Sockel, du Angsthase! flüsterte er. Ich schauderte.

Zögernd, als könnte es ein mit Entengrütze bedeckter Graben sein, setzte ich einen Fuß ins feuchte Gras. Die kühle Luft drang durch mein Nachthemd. Ich hörte mich rufen, ein komisches schrilles Geräusch hervorbringen, das gar nicht nach meiner Stimme klang. In allen möglichen Tonlagen rief ich seinen Namen: von lieb und lockend bis befehlend und ungeduldig. Aber der Garten blieb nachdrücklich leer, alles atmete Parels Abwesenheit. Die Sträucher und Pflanzen, an denen er auf seinen Ausflügen mit daunenweichem Fell vorbeigeschlichen war, das Gras, in dem er sich auf dem Rücken hin und her gerollt hatte, die Bäume, die er in Windeseile rauf und runter kletterte; alles leugnete seine Existenz.

Während ich angestrengt spähte, die dunklen Mulden zwischen den Bäumen und Sträuchern zu durchdringen suchte, als könnte ich Parels Gestalt durch konzentriertes Starren der Finsternis entreißen, umklammerte eine große Hand meinen

Arm und zog mich rückwärts vom Rasen weg. Mein Vater, im zerknitterten Pyjama, mit hochstehenden Haaren und Tränensäcken unter den Augen, die auf seinen Wangen Schatten warfen, guckte mich böse an und zischte leise: »Bist du verrückt geworden? Du weckst ja die ganze Gegend auf!« Wütend bugsierte er mich ins Haus hinein.

Ich rannte ihm voraus nach oben. Einer meiner Zehen knickte auf einer Stufe um. Ein stechender Schmerz zog durch meinen Fuß und den ganzen Körper und blieb irgendwo unter der Schädeldecke hängen. Es war gut, Schmerz zu empfinden. Ich kroch ins Bett und zog mir die Decke über den Kopf. Ihm ist es egal, daß Parel weg ist, murrte ich. Ihm ist es auch egal, wie ich mich fühle.

Das war ein entsetzlicher Gedanke. Ich trommelte mit den Fäusten auf das Kissen. Um meinen Vater würde ich keine Träne vergießen.

Seine Welt sah so aus: ein Labyrinth aus Reagenzgläsern mit Flüssigkeiten in allen Farben des Regenbogens, und dazwischen bewegten sich schemenhaft Menschen in weißen Kitteln. Vor Jahren war ich einmal mit meiner Mutter in seinem Labor gewesen. Sorgfältig, um keinen Lärm zu machen, schloß sie die schwere Holztür hinter uns und sah sich suchend um. Ich folgte ihrem Blick und entdeckte im gleichen Moment wie sie meinen Vater. Er starrte über seine Stahlbrille hinweg, die auf seiner Nasenspitze ruhte, auf ein glitzerndes Gläschen mit einer feuerroten Flüssigkeit, das er gegen das Licht hielt.

»Guten Tag«, sagte meine Mutter schüchtern und nickte höflich allen zu.

Mein Vater, der aus seiner tiefen Konzentration versonnen aufsah, erkannte uns nicht. Ich bin es, dachte ich, siehst du das nicht?

»Eben war es noch gelb«, rief ich ihm zu, zeigte ihm mein »Zauberbonbon«, das aus verschiedenfarbigen Schichten bestand, und das mir meine Mutter beim Betreten des Fabrikkomplexes in den Mund gesteckt hatte, »und jetzt ist es grün!«

Er erstarrte. Das Glas glitt ihm aus den Händen. Eine rote Lache bildete sich auf dem Fußboden, als hätte er sich eine Schlagader verletzt. Das Bonbon rutschte mir aus der Hand und rollte durchs Labor, machte sich naseweis auf Erkundungsfahrt. Ich schaute mal auf die grüne Kugel, mal zu meinem Vater. Die Kugel rollte weiter und blieb erst in der roten Pfütze zwischen den Glasscherben zu seinen Füßen liegen. (Später habe ich gedacht, daß das Einbildung oder ein Wunschtraum war und daß das Bonbon in Wirklichkeit einfach in eine willkürliche Richtung rollte, um schließlich unter einem Schrank zu verschwinden.)

Am Tag nach Parels Verschwinden hing die Hitze tief und flimmernd über der Erde. Die Vögel schwiegen. Die Pflanzen, deren Blätter kraft- und saftlos von den Stielen herabhingen, flehten um Regen. Alles was lebte, ging sparsam mit seiner Energie um. Um nachzudenken, kletterte ich in eine Kastanie mit einer breit ausfächernden, schützenden Krone. Ich setzte mich auf einen Ast, der mir eine weite Aussicht bot, derweil ich für die Außenwelt unsichtbar war.

Der Garten lag reglos unter mir; er langweilte mich, weil ich ihn in- und auswendig kannte. Meine Welt war mir zu klein geworden. Ich wollte Berge sehen, verschneite Berge mit Schluchten dazwischen, Urwälder, tropische Strände mit Kokospalmen, Schlösser, Tempel, Amphitheater, Eingeborene mit Nasenringen, Perlenfischer, die minutenlang unter Wasser blieben, Medizinmänner, Zauberer. Wie klein waren die Pygmäen? Wie hoch die Wolkenkratzer? Wie tief war das Valley of Death?

Ich wollte endlich etwas erleben. Hier erstickte ich fast, in diesem heißen Garten inmitten weitläufiger, knochentrockener Tannenwälder, und weit und breit kein See oder Fluß zum Schwimmen. Am Zaun stand mein Fahrrad: zwei Räder und ein Lenker. Wo hätte ich hinradeln sollen?

Lustlos kletterte ich wieder vom Baum. Ich wußte nicht, worüber ich nachdenken sollte.

Aus einem Bedürfnis nach Kühle schlenderte ich ins Haus. Aus dem Wohnzimmer brummte monoton die Stimme meines Vaters wie ein in der Ferne vorbeituckerndes Frachtschiff auf einem Fluß. Er war die ganze Woche zu Hause geblieben. Wegen der Hitze, sagte er. Dennoch strahlte er keineswegs die Unbekümmertheit eines Urlaubers aus: Stundenlang unterhielt er sich verschwörerisch mit meiner Mutter in der drückenden orangefarbenen Atmosphäre der Wohnstube, wo die Fenster geschlossen und die Jalousien heruntergelassen waren. Meine Mutter machte wiederholt Kaffee. Da braute sich etwas zusammen. Ich hatte das Gefühl, daß etwas unsagbar Schlimmes über seinem Kopf schwebte, das schließlich uns alle treffen würde.

Ich ging auf Zehenspitzen durch den Flur. In dem alten verwitterten Spiegel sah ich mich stark verzerrt entlangschleichen, vorgebeugt, die Lippen zusammengekniffen. Hinter der Wohnzimmertür blieb ich stehen. Die Maserung des Holzes zeichnete einen Männerkopf, der von einem Ohr zum anderen grinste und dessen dunkle Augen in den Astlöchern versanken; unwillkürlich brachte ich ihn mit dem Namen in Zusammenhang, den mein Vater just in diesem Moment nannte: »De Gaai als Chef der Forschungsabteilung, das bedeutet: die Dummheit kommt an die Macht.«

»Aber du kannst doch einfach mit deinen Untersuchungen weitermachen.« Meine Mutter sprach mit zugeschnürter Kehle.

»Genau darum geht es«, mein Vater hob die Stimme, »ich weiß genau, was dann passiert: wenn ein Ergebnis vorliegt, nimmt er es dir aus den Händen und ...«

Langsam öffnete ich die Tür und guckte um die Ecke. »... und schmückt sich mit fremden Federn«, endete er und sah mir mit hochgezogenen Augenbrauen entgegen.

Meine Mutter, die wie ein Vögelchen zusammengesunken in einem Sessel saß, machte einen niedergeschlagenen Eindruck.

»Könnte Parel in eine Falle geraten sein?« fragte ich, »so wie ein Kaninchen?«

»Schon möglich«, sagte mein Vater und trommelte mit den Fingern ungeduldig auf die Stuhllehne, »im Prinzip ist nichts ausgeschlossen.«

»Wir können doch nicht den ganzen Wald absuchen, Kind.« Nervös steckte meine Mutter ein paar entwischte Strähnen wieder in ihre Frisur. »Das ist doch vergebliche Mühe.«

Ich blieb unschlüssig stehen und wippte von den Zehen auf die Fersen und wieder zurück. Auf den abgestandenen Kaffeeresten in den Tassen schwamm eine Haut.

»Was ist eigentlich los?« fragte ich.

»Nichts«, sagte mein Vater schnell.

»Es ist einfach zu heiß«, fügte meine Mutter erschöpft hinzu.

Mein Vater schöpfte tief Atem. Ich hörte, wie die Luft durch seine Nasenlöcher zischte. »Geh doch wieder draußen spielen«, sagte er.

Beunruhigt verließ ich das Zimmer. Ich lauschte an der Tür und kratzte mit den Fingernägeln an der Vertäfelung herum.

»Und am Monatsende«, fuhr mein Vater fort, »kriegt er dreimal soviel wie wir. Er läßt sich einen Bungalow am Stadtrand bauen mit einem Pferdestall und einem beheizten Schwimmbad und einer Garage, groß genug für drei Autos, dieser Parvenu.«

»Unglaublich«, sagte meine Mutter.

Danach schwiegen beide. Ich zockelte wieder in den Garten, dem Lichtermeer entgegen.

Am Nachmittag drang Musik durch das offene Fenster nach draußen. Ein Orchester mit schluchzenden Geigen verstärkte die Hitze; erneut überfiel mich ein Gefühl der Bedrohung. Um mich beruhigen zu lassen, ging ich wieder ins Haus, zur Quelle der Musik.

Mein Vater lag ausgestreckt auf der Couch und starrte mit offenen Augen an die Decke. So sieht er aus, wenn er tot ist, dachte ich, bleich, mit strengem Profil. Die Luft um ihn herum war von

Nachdenken und düsteren Vorahnungen geschwängert. In der lauen, orangefarbenen Dämmerung hatte ich eine flüchtige Vision, daß ich mich in einem anderen Zeitalter befände, irgendwo in einer unbestimmten Zukunft, in der alles, was uns bevorstand, längst hinter uns lag.

Zögernd, als beträte ich einen Tempel, ging ich bis zur Mitte des Zimmers. Spürte er, daß er angeschaut wurde? Wie ein Schwerkranker drehte er den Kopf ganz langsam in meine Richtung, bis ich in zwei ausdruckslose Augen blickte, die keine Pupillen zu haben schienen und mir das unbehagliche Gefühl gaben, daß er mich gar nicht sah. Vielleicht gab es mich auch nicht, war mein bisheriges Leben nur der langweilige Traum eines anderen, der gleich aufwachen, mein Bild von sich abschütteln und zur Tagesordnung übergehen würde.

Mein Vater seufzte und wandte den Kopf ab. Ein Klavier dominierte nun, rasend schnell kullerten die Klänge übereinander hinweg; als ich mich umgedreht hatte, kam es mir vor, als wären es Dutzende kleiner, mir feindlich gesonnener Händchen, die mich mit vereinten Kräften aus dem Raum schubsten. Ich schlug die Tür hinter mir zu, um sie daran zu hindern, mir zu folgen. Im Flur stieß ich rücklings mit meiner Mutter zusammen, die mich mit beiden Händen festhielt und besorgt zu mir heruntersah. Es war ein beruhigendes Gefühl, kurz von ihr gehalten zu werden und den Satinstoff ihres weißen, mit Waldfarnen gemusterten Kleides an meiner Wange zu spüren. Aber sie schob mich auf Armeslänge von sich weg, sah mich eindringlich an und sagte in gedämpftem Ton: »Du mußt deinen Vater in Ruhe lassen, er hat es schon schwer genug.«

»Warum?« fragte ich herausfordernd.

»Das erkläre ich dir später«, sagte sie. »Tu mir einen Gefallen und bring die Kinder herein. Sie müssen unter die Dusche.«

In diesem Moment hätte ich am liebsten die goldumrandete Porzellanschale genommen, die seit Menschengedenken auf dem Biedermeiertischchen im Flur stand, und sie einfach so auf den Boden gepfeffert.


Am Abend wurde es kühler. Es roch süß nach den Lebenssäften umgeknickter Blumen. Meine Mutter hatte meinem Vater vorgeschlagen, einen Waldspaziergang zu machen, wie eine Krankenschwester einem Kranken, der sich auf dem Weg der Besserung befindet, und damit war er auch, wie ein Kranker, der sich auf dem Weg der Besserung befindet, einverstanden.

Mir war aufgetragen worden, Gisela und Mathijs vorzulesen. Sie saßen auf der verwitterten Bank hinten im Garten, dufteten nach Fliederseife, steckten in sauberen Pyjamas und baumelten mit den nackten Füßen. Im Schein der Lampe, die hinter ihnen an der Scheune hing, warfen sie kurze Schatten. Gisela nuckelte am Ohr ihres zerschlissenen alten Stoffhasen und summte ein tonloses Liedchen, das auf unerklärliche Weise zu diesem Abend paßte.

Mit dem Buch ›Pu der Bär‹ in der Hand setzte ich mich zwischen die beiden. »Wo waren wir stehengeblieben?« fragte ich, denn es war sicher vor Beginn der Hitzewelle gewesen, daß ich ihnen zuletzt daraus vorgelesen hatte.

»Pu der Bär ist in der Tür zur Kaninchenhöhle steckengeblieben«, sagte Mathijs ruhig, als hätte er diese Situation aus der Geschichte die ganze Zeit mit sich herumgetragen.

»Hör auf zu zappeln«, sagte ich zu ihm, »ich kann nicht lesen, wenn du so mit den Beinen wippst.« Ich blätterte im Buch, bis ich auf eine Illustration stieß, auf der deutlich ein eingeklemmter Bär abgebildet war, der mit seinem vollgefressenen Bärenbauch weder vor noch zurück konnte, und ein in geringer Entfernung hockendes nachdenkliches Kaninchen, dessen größte Sorge anscheinend seine blockierte Vordertür war.

Hier begann ich zu lesen. Vergeblich versuchte Kaninchen, indem es fest an Pus Pfote zerrte, dessen Körper von der Stelle zu bewegen. Pu schrie vor Schmerz und warf Kaninchen vor, seine Eingangstür sei zu schmal.

Gisela kniff mich in den Arm. Mit aufgerissenen und durch die großen Pupillen dunklen Augen fragte sie. »Ob Parel auch eingeklemmt ist? In einer Kaninchenhöhle?« Ihren Hasen hielt sie achtlos an einer Hinterpfote fest.

»Ja«, stimmte ihr Mathijs bei, »das könnte sein.«

»Das glaube ich nicht«, sagte ich, »denn Hasen oder Kaninchen sind dicker als Katzen, oder . . .«, denn plötzlich bekam ich Zweifel, was den Umfang von Kaninchen betraf, »oder genauso groß.«

»Das stimmt«, gab Mathijs grübelnd zu.

»Aaach«, sagte Gisela enttäuscht, als hätte sie gedacht, mit dieser Vermutung Parel schon halb gefunden zu haben. »Warum soll das nicht gehen? Es könnte doch sein.«

»Nein«, wiederholte ich, »das geht nicht. Wenn das Kaninchen, das in der Höhle wohnt, durch die Öffnung kommt, dann kommt Parel zweimal durch.«

»Aaach«, quengelte Gisela, »es kann schon sein.«

Wenn sie wollte, daß es möglich war, dann war es auch möglich, das wußte ich. Wenn sie wollte, daß Tiere sprechen und Menschen fliegen konnten, dann konnten sie es, und Gisela war nicht davon abzubringen. Und eigentlich war auch nichts ganz sicher. Alles war möglich, auch wenn man es sich nicht vorstellen konnte, kein Mensch konnte alles begreifen.

»Wollen wir morgen auf die Suche gehen?« schlug ich vor. »Wir drei? Dann gehen wir durch den ganzen Wald und rufen überall seinen Namen und lauschen so gut wir können, die Hände an den Ohren, ob wir irgendwo ein Miauen hören.«

»Ja«, sagte Mathijs und wippte wieder mit den Beinen. Gisela schaute mich nachdenklich an, nickte dann sprachlos und lehnte sich schwer an meinen Arm, so daß ich das Buch nur noch mit einer Hand festhalten konnte.

Ich las weiter. Es war noch ein ganzes Stück Arbeit, bis der Bär endlich aus der Höhle befreit war. Ich bekam einen trockenen Mund. Als das Kapitel zu Ende war, sah ich auf und befeuchtete meine Lippen mit der Zunge.

Reglos stand meine Mutter in einem sonderbaren weißen Kleid unter einem Baum, dessen untere, herabhängende Äste wie Finger nach ihr griffen. Wie lange schon? Wie lange beobachtete sie uns schon?

»Kommt mal mit«, sagte sie leise.

Das Buch fiel zu Boden. Folgsam gingen wir hinter ihr her durch den Garten, der den Atem anhielt, zur Terrasse vor der Küche. Innen brannte schon Licht. Die Küchentür stand offen.

Ich sah meinen Vater am Spülbecken stehen und sich sorgfältig die Hände waschen. Ein Licht-

streifen fiel auf die Terrasse, etwas unterbrach
ihn in der Mitte. Meine Mutter winkte uns näher
heran. Gemeinsam beugten wir uns über das,
was dort lag. Keiner sagte etwas, wir schauten
nur.

»Wo habt ihr ihn gefunden?« flüsterte ich
schließlich.

»An einem Graben am Weg«, antwortete meine
Mutter, »ein Stein lag neben seinem Kopf.«

Mathijs legte eine Hand vor seinen Mund, Gisela würgte gedankenlos ihren Hasen.

Er lag auf der Seite in einer Haltung, in der ich
ihn zeit seines Lebens nie gesehen hatte, die Pfo-
ten gestreckt. Er sah aus, als sei er erfroren. Seine
Augen waren fast geschlossen, in den Schlitzen
glitzerte etwas Schwarzes. Das dichte, grauge-
streifte Fell war stumpf und trocken. Sein Maul
war aufgesperrt, als hätte er im letzten Moment
noch ein gigantisches, Himmel und Erde bewe-
gendes Miauen von sich gegeben.

»Komm«, sagte meine Mutter und legte einen
Arm um Giselas Schultern, »ihr geht jetzt besser
ins Bett.«

»Wir müssen ihn doch begraben«, protestierte
ich.

»Das mache ich gleich.« Mein Vater stellte sich
breitbeinig in die Tür, so daß Parels Körper im
Dunkeln lag.

»Und wo?« fragte ich.

»Äh...« Ungeduldig und zerstreut dachte er nach. »Da, wo ich neulich die tote Lärche gefällt habe.«

»Beeil dich«, drängte meine Mutter, »morgen müssen wir wieder früh raus, weil wir Besuch bekommen.« Gefügig ließen sich Gisela und Mathijs an meinem Vater vorbei ins Haus schieben.

Ich ging ganz nah an ihm vorbei. »Er ist also tot«, sagte ich.

»Ja«, sagte er. Er hatte die Brille abgenommen und schaute mich mit einer gewissen Abwehr müde an, als dächte er: geh bitte weiter.

Nie mehr, dachte ich, als ich brettsteif im Bett lag, nie mehr wird Parel an meinen Beinen entlangstreichen, nie mehr werde ich ihn im Nakken oder am Bauch kraulen, bis er genüßlich schnurrt, nie mehr kann ich meine Nase in sein trostspendendes Fell drücken. Er wird nie mehr auf dem Kissen auf der Gartenbank, das nach ihm riecht, liegen und sein Territorium überblicken, so daß die Vögel oben in den Bäumen bleiben und seine Artgenossen respektvoll unseren Garten meiden. Was war das: nie mehr? Was sollte man sich darunter vorstellen? Was es so etwas wie das Weltall, das nie aufhörte? Nie mehr, das war ein angsteinflößender Gedanke, in dem man verschwinden und wie in einen Strudel hinabgezogen werden konnte, immer tiefer, immer weiter, bis man in ein Gebiet kam, wo es keine Lebewesen gab, keine Familie, keine Freunde, niemand, nur das Nichts, das kein Gesicht hatte.

Ich glitt aus dem Bett und tastete mich durchs Schlafzimmer. Ich suchte nach etwas, das ich mit ins Bett nehmen und fest an mich drücken könnte, aber die Puppen, die in ihren Sonntagskleidern nebeneinander saßen, hatte ich längst verworfen und abgeschrieben, und das andere Spielzeug war kalt und seelenlos. Ich schob die Vorhänge auf und lehnte mich aus dem Fenster. Noch nie war ich so wach gewesen. Hinten im Garten sah ich im schwachen Lampenlicht die gebückte Gestalt meines Vaters, der eine Grube aushob.

Am nächsten Morgen wurde ich mit dem Gedanken wach, daß ich Parel gegenüber große Schuld auf mich geladen hatte und erst Ruhe finden würde, wenn ich sie eingelöst hätte.

In der Morgendämmerung starrten mich sechs Paar Puppenaugen erloschen an. Ich fuhr in meine Kleider, die ich abends einfach auf einen Haufen geworfen hatte. Auf Zehenspitzen schlich ich die Treppe hinunter. Draußen suchte ich die Stelle auf, wo eine alte, bleischwere Lärche im Sommer ihr Leben gelassen hatte. Ihre haarfeinen, hellgrünen Nadeln waren vorzeitig gelb geworden und dann verdorrt, und als hätten seine kraftlosen Wurzeln in der Erde keinen Halt mehr gefunden, war der Baum langsam zur Seite gekippt, bis er erschöpft in den Armen einer mächtigen Eiche starb. Wie ein grimmiges Denkmal stand der Stumpf kerzengerade in der umgegrabenen Erde. Ich sah gleich, daß dies kein würdiges Grab war. Es lag nackt und verwundbar an einer ungeschützten Stelle ohne Pflanzen oder Blumen. Parel hätte sich hier nie wohl gefühlt.

Ohne das geringste Geräusch zu machen, ging ich wieder hinein, ins Zimmer von Mathijs und Gisela. Ich weckte sie mit dem Finger auf den Lippen und bat sie flüsternd, mir beim Ausgraben und dem erneuten Begräbnis von Parel zu helfen. Kurz darauf folgten sie mir in ihren Pyjamas schlaftrunken, wie in Trance, in den Garten. Als wir an der Bank auf der Terrasse vorbeikamen, nahm ich Parels Kissen mit.

Mathijs und Gisela, die in ihren leichten Pyjamas zwar etwas ungewöhnlich, aber doch zu diesem feierlichen Anlaß passend kostümiert waren, stellten sich zu beiden Seiten des frischen Grabes auf. Ich begann zu graben und stieß schon bald mit der Schaufel an den Rand einer Pappschachtel. Vorsichtig hob ich die Erde rundherum aus, bis ich die Schachtel aus dem Loch nehmen konnte. Einen Moment stand ich unschlüssig mit dem Karton in der Hand da, der bleischwer war von der Erde.

Nah an der Scheune wußte ich eine Stelle, wo es sommers wie winters vom Efeu und den überhängenden Fichtenzweigen dunkelgrün war. Dorthin begaben wir uns in einer Prozession: ich trug die Schachtel mit gestreckten Armen, Mathijs schleifte die Schaufel hinter sich her, und Gisela hielt das Kissen an einem Zipfel fest. Die aufgehende Sonne färbte den Himmel rosa mit bizarren Stückchen gelb dazwischen, und der Garten lag still und schwer unter dem Tau und wartete. Im Vorbeigehen warf ich der Statue rasch einen Blick zu und meinte, in den wachen, aufmerksamen Augen Zustimmung lesen zu können.

Ich bückte mich und stellte die Schachtel behutsam zwischen die Efeuzweige. Die feuchten Fichten verbreiteten einen würzigen Geruch: Weihrauch für Parel. Ich übernahm die Schaufel von Mathijs und begann die zähen Efeuranken durchzuhacken, die hier die Erde überwucherten. Der harte Boden gewährte mir nur widerwillig Zugang. Mir wurde warm vom Graben; über den Augen spürte ich die ersten Anzeichen von Kopfschmerzen. Schließlich schien mir das Loch tief genug zu sein. Ich streckte den Rücken und strich mir die Haare aus dem Gesicht. Ich sah Sternchen. Rasch schloß ich die Augen und stützte mich auf die Schaufel, wie ich es bei meinem Vater gesehen hatte.

»Traust du dich, ihn anzufassen?« fragte Mathijs zaghaft.

Widerwillig öffnete ich wieder die Augen. Von der Schachtel, wie sie so in den Efeu gebettet dastand, ging auf einmal eine unsagbare Drohung aus. Eine Woge der Angst, gemischt mit Abneigung, überkam mich: Parel mußte herausgeholt, die Schachtel erst saubergemacht werden. Wenn ich ihn liebe, muß ich ihn anfassen können, dachte ich. Ich beugte mich widerstrebend über die Schachtel und kratzte die Erde ab, aber als sich Parels Konturen abzeichneten, wurden meine Finger steif. Schaudernd guckte ich auf die leichte Wölbung.

»Mach schon weiter«, drängte Mathijs.

»Ich will ihn sehen«, forderte Gisela.

Ich stand auf. Mit zitternden Händen nahm ich die Schaufel und schob sie unter den Katzenkörper. Ich hob Parel hoch, als wäre er ein Stück Holz. Sand rieselte von ihm herab, Sand, der mit dem Tod in Berührung gekommen war. Auch im Fell und den Augen war noch ganz viel. Er war nun schon viel mehr ein Ding als am Abend vorher. Ich legte ihn vorsichtig auf den Boden.

»Magst du ihn noch?« fragte Gisela.

»Ja«, sagte ich, »und du?«

Befremdet schaute sie auf den sandigen Körper. »Ich weiß nicht.«

Von plötzlicher Unruhe ergriffen, nahm ich schnell die Schachtel und leerte sie aus. »Das Kissen«, befahl ich. Mechanisch, wie in einem Traum, reichte mir Gisela das Kissen. Ich legte es in die Schachtel. Danach hob ich Parels Körper mit der Schaufel wieder hoch und legte ihn auf das Kissen. Inzwischen waren die Vögel erwacht; sie trällerten provozierend ihre Freude über das Begräbnis ihres Tyrannen hinaus. Gisela rannte weg und kam mit einer himmelblauen, wollenen Puppendecke wieder, die sie mir schweigend in die Hand drückte. Sorgfältig breitete ich sie über Parel und berührte dabei leicht seinen kalten Körper.

Ganz schnell stand ich auf. »Wartet mal«, sagte ich.

Ich sprang in ein Blumenbeet, musterte die sich langsam entfaltenden Blumen und riß eine Rose und zwei Lilien ab. Die Lilien drückte ich Mathijs und Gisela in die Hand.

»Tschüs, Parel«, sagte ich und legte die Rose feierlich auf die Decke, »schlaf schön.«

»Tschüs, Parel«, echoteten sie in ihren dünnen Pyjamas und ließen die Lilien aus ihren runden Händchen in die Schachtel fallen.

Schweigend sahen wir auf die Decke und die Blumen hinunter. Das Dunkelrot und Schneeweiß erinnerten mich an Glanzbildchen und an einen Spruch in meinem Poesiealbum: Rosen verwelken, Blumen vergehen, aber unsere Liebe bleibt ewig bestehen. Ob ich Parel mein Leben lang lieben werde? Eigentlich fühlte ich mich erleichtert, nachdem wir ihn fast begraben hatten. Beschämt nahm ich die Schippe und warf Erde auf die Schachtel, bis das Loch zu war. Wir fanden Steinchen im Garten, aus denen wir einen Rand um das Grab legten, dann gruben wir noch ein paar melancholische violette Stiefmütterchen aus und pflanzten sie in die lockere Erde.

»Nur wir«, sagte ich beschwörend zu Gisela und Mathijs, »wissen, daß Parel hier liegt.« Ich sah sie bedeutungsvoll an. Sie nickten.

Plötzlich hatte ich das Gefühl, als brannten meine Finger an der Stelle, wo ich Parel angefaßt hatte. Ich rannte zum Wasserhahn in der Küche und schrubbte meine Hände mit Wasser, Scheuerpulver und einer Bürste. Hoffentlich ist es nicht schon in meine Haut eingedrungen, dachte ich.

Stunden später, der Tau war längst verdunstet und kein einziger Vogel gab mehr seiner Zufriedenheit über das Begräbnis Ausdruck, machte ich dem Besuch meine Aufwartung, der in der relativen Kühle des Wohnzimmers saß und diagonal durchgeschnittene, mit Roastbeef und Kalbsbraten belegte Weißbrotschnitten aß, die nur heute von meiner Mutter Sandwiches genannt wurden und sternförmig auf ihrer Wedgwood-Schale angeordnet waren.

»Das ist also unsere älteste Tochter.« – »Schon so ein großes Mädchen!« – »Das geht so schnell, eben lagen sie noch in der Wiege, und ehe man es sich versieht, sind es richtige kleine Frauen.« Musternde Blicke glitten über meinen Körper. Mein hellblaues Kleid kniff mehr denn je. Ich hatte das unangenehme Gefühl, nach neuen, mir unbekannten Maßstäben beurteilt zu werden. Vor langer Zeit, als meine Mutter mich noch auf den Schoß nahm, habe ich mein Gesicht an ihrer Schulter vergraben, wenn mir die Neugier der Fremden zuviel wurde. Jetzt blickte ich unverwandt zurück und musterte sie ebenfalls.

An dem breiten, mir zugedachten Lächeln von Herrn De Gaai, bei dem ihm ein Stückchen Brot von den wulstigen Lippen auf die Krawatte fiel, waren die Augen nicht beteiligt. Sie blieben kühl und wachsam. Seine Frau trug ihre schwarzen Haare hochaufgetürmt und bewegte den Kopf langsam und einstudiert, als könne die Kreation bei einer unvorsichtigen Bewegung herunterfallen. Ihre Finger mit den blutrot lackierten Nägeln ruhten gekrümmt auf ihrem beigen Plisseerock, wie die Scheren einer Krabbe auf dem geriffelten Boden einer Sandbank.

Warum hatte mein Vater sie eingeladen? Es war ihnen anzusehen, daß sie nichts Gutes mit ihm oder jemand anderem im Sinn hatten. Daß sie nur einen teuren Rassehund oder ein erstklassiges Rennpferd lieben konnten, mit dem Rennen zu gewinnen waren.

»Ich geh' wieder raus«, sagte ich.

»Aber Kindchen, ist es nicht viel zu warm, um draußen zu spielen?« fragte die Frau.

»Ach«, sagte ich und zuckte die Achseln, »es geht. Obwohl ... ein Schwimmbad im Garten wäre natürlich nicht schlecht.«

Ihr Mann hob amüsiert und erstaunt die Augenbrauen; sie schürzte bedächtig die Lippen zu einer roten Kirsche.

»Dein Vater hat mir erzählt, daß du eine große Tierfreundin bist«, sagte Herr De Gaai.

»Was heißt Tierfreundin«, sagte ich, »wir hatten eine Katze, aber die ist jetzt tot.«

Wie ein längst in Afrika geglaubter Zugvogel, der plötzlich halb erfroren im Schnee auftaucht, drängte sich mir Parels Bild auf, wie er nun für immer und ewig unter der Erde lag und bald von allen vergessen sein würde, auf Dauer vielleicht auch von mir, auch wenn ich mich noch so sehr anstrengte, die Erinnerung an ihn wachzuhalten. Hinter meinen Augen machte sich ein warmes und weiches Gefühl bemerkbar.

»Ach«, sagte Herr De Gaai, »mach dir keine großen Gedanken, du kannst doch wieder eine neue Katze haben. Katzen pflanzen sich fast genauso schnell fort wie Ratten, und davon können wir im Labor ein Lied singen ...«, verstohlen warf er meinem Vater, der mit gesenktem Kopf zuhörte, einen Blick zu, »uns mangelt es jedenfalls nie an frischem Nachschub.«

Von meinem Vater wußte ich, was mit den Ratten im Labor passierte. Mit Injektionsnadeln spritzte man ihnen Bakterien oder bösartige Stoffe ein, und wenn sie mehr tot als lebendig waren, bekamen sie gerade entwickelte Medikamente, die meist nicht halfen, denn es waren ja schließlich Experimente. Manchmal wurden sie gesund, was auf Kosten ihrer Haare und Zähne ging, die ausfielen, so daß in einem an das Labor grenzenden Raum ganze Horden nackter Ratten an den Käfiggittern hochkletterten.

Ohne daß ich es wollte, konzentrierten sich für mich alle Grausamkeiten, die gegen Tier oder Mensch je begangen worden waren, in Herrn De Gaai, der liebenswürdig lächelnd sein Sandwich aß. Er war der Mann mit der Injektionsnadel, der die Ratten tötete, der Mann, der den Stein auf Parels Kopf geworfen hatte, der Mann, der meinem Vater die Forschungsergebnisse aus der Hand nahm, um selber bei der Direktion einen guten Eindruck zu machen.

»Ich habe gehört, daß Sie Tiere auch sehr gern haben«, sagte ich.

»Wie meinst du das?« fragte er und kaute ruhig weiter.

»Na ja«, ich verlagerte mein Körpergewicht auf das andere Bein und sagte: »weil Sie sich gern mit fremden Federn schmücken.«

Herrn De Gaais Kiefer erstarrten mitten in einer Kaubewegung. Sein Blick schoß von mir zu meinem Vater, der mich fassungslos und verblüfft anstarrte, als sähe er mich zum erstenmal in seinem Leben. Meine Mutter stand brüsk auf und stellte die Kaffeetassen klirrend auf das silberne Tablett.

Ich räusperte mich. »Ich ... äh ...«, sagte ich heiser, während ich den Blick auf Frau De Gaais Hände senkte, deren Finger sich in ihrem Schoß krümmten, als ob sie ein Küken zerdrückten, »ich gehe mal wieder raus.« Ich drehte mich um, öffnete blindlings die Tür und rannte hinaus. Ich schnappte nach Luft. Mein Kopf konnte jeden Moment platzen.

Ich wachte aus einem unruhigen Schlummer auf, in dem ich träumte, die Insekten hätten die Weltherrschaft übernommen. Sie hatten unsere Häuser in Besitz genommen und wimmelten überall: auf der Anrichte zwischen den Lebensmitteln, im Bett, wenn man die Decke zurückschlug, im Abfluß des Spülbeckens und der Badewanne, auf den Zimmerpflanzen, die sie kahlfraßen, in Är-

meln und Hosenbeinen. Die meisten hatten läng-
liche, zitternde Leiber mit zwei oder vier Flügeln,
aber es gab auch Spinnen mit behaarten Beinen,
die riesige Wäscheleinen kreuz und quer durch
die Zimmer spannten, und emsig hin und her ei-
lende Käfer und Ameisen. In Panik rannte ich aus
dem Haus, aber im Garten erwartete mich ein
noch schrecklicherer Anblick: Ein gigantischer
Maikäfer mit schwarzglänzendem Panzer und
dem Kopf von Herrn De Gaai hockte auf der
Statue und verschlang eine Kette aus roten kleinen Spinnen. Ständig verschwanden zwei, drei
sich sträubende Spinnen gleichzeitig zwischen
seinen mahlenden Kiefern.

Schwitzend stand ich auf. Es juckte mich
überall. Auf meinen Armen und Beinen hatte sich
ein Muster aus zahllosen Grashalmen abgedrückt,
und mein Kleid war völlig zerknittert. Im selben
Augenblick wurde die Tür aufgemacht, und das
Haus spuckte Herrn und Frau De Gaai aus, denen meine Eltern folgten. Alle hielten ein Glas
funkelnden Rotwein in der Hand und betraten
lachend und lärmend die Terrasse. Gisela wurde
hochgehoben und wieder auf die Erde gestellt.
Man stieß scherzend mit ihrem Becher Zitronen-
limonade an. Als mein Vater gerade einen tüchtigen
Schluck nahm, entdeckte er mich und winkte mir.

Zögernd, mit wackligen Knien, ging ich über
den Rasen.

»Na, du ungezogenes Mädchen«, lachte Herr De Gaai und gab mir spielerisch einen Klaps aufs Hinterteil, »da bist du ja wieder.«

Ich nickte stumm.

»Wo warst du denn?« gurrte seine Frau, »du sieht so zerknautscht aus.«

Langsam machte ich mit dem Arm eine vage Bewegung in eine unbestimmte Richtung.

»Hier, nimm«, sagte meine Mutter und drückte mir ein Glas Limonade in die Hand, »du hast bestimmt Durst.«

Sie war die einzige, die nicht von der plötzlichen, unerklärlichen Fröhlichkeit angesteckt war. Freundlich, aber immer noch reserviert, gesellte sie sich zu Frau De Gaai, die leicht unsicher auf den Beinen, als ginge sie zum erstenmal in ihrem Leben über einen Rasen, ihrem Mann folgte. Der war angeregt plaudernd und gestikulierend in unseren Garten spaziert, während mein Vater, verständnisvoll mit dem Kopf nickend, ab und zu in dröhnendes Gelächter ausbrach. Meine Mutter wies ihren Gast aufmerksam auf einige Blumen hin, doch die gönnte ihnen nur einen kurzen Blick, weil sie ihren Mann genau beobachtete, als könnte er plötzlich aus ihrem Blickfeld verschwinden.

Ich schlenderte ins Wohnzimmer und nahm eine ausgetrocknete Weißbrotschnitte von der Schale. Was konnte in der Zwischenzeit passiert

sein? Anscheinend hatte sich alles wieder einge-
renkt, aber das Wartezimmergefühl saß mir immer noch im Magen, und eine neue Angst kam
dazu: daß Herr De Gaai meinem Vater vielleicht
ganz raffiniert Sand in die Augen streute, und
wer weiß, mein Vater auch Herrn De Gaai.

Jedenfalls war niemand böse auf mich. Meine
Worte hatten offensichtlich nichts angerichtet.
Die in einem Stuhl zurückgelassene lacklederne
Handtasche von Frau De Gaai glänzte mir ent-
gegen. Ich ging hin und öffnete den Verschluß.
Ordentlich in einzelnen Fächern untergebracht
warteten Lippenstift, Parfüm, ein Spitzentaschen-
tuch mit Monogramm, ein Feuerzeug und eine
goldene Zigarettendose, eine Puderdose und vier
Fläschchen mit farbigen Pillen auf die rotlackier-
ten Fingernägel von Frau De Gaai. Ich machte die
Tasche schnell wieder zu.

Wenn ich mein Vater wäre, dachte ich, würde
ich nichts mit diesen Leuten zu tun haben wollen.
Ich würde kündigen und nach Kanada auswan-
dern, notfalls nach Australien oder Neuseeland,
um ihren Klauen zu entkommen.

Ich wußte nicht, was ich tun sollte, und starrte
aus dem Fenster. Wenn nur ein Gewitter käme,
dachte ich, mit zornigen, alles Unrecht rächenden
Blitzen und heftigen Regengüssen, die allen
Schmutz von der Erde wegspülten.

JOSEPH VON WESTPHALEN

# Verschwinde!
## Oder Trennung ist lachhaft

»Verschwinde!« schreit sie mit rasender Gebärde und wirft den Teller an die Wand. Und er, dieser gefühllose Stümper, lächelt säuerlich, sagt »sehr witzig!«, hebt die Scherben, die größeren, vom Boden, wirft sie besserwisserisch in den Abfalleimer und geht tatsächlich: ins Badezimmer, ins Bett, ins Büro oder in die Kneipe. Zweifellos eine Szene mit wenig Format, wie auch eine beliebige andere: »Du bist das Letzte!« ruft er in sinnloser Verachtung, voller Wut, aber kurz vor dem Heulkrampf. Sie solle doch bei ihrem Geliebten bleiben, wenn der so toll sei! Sie aber lacht nur stolz und künstlich auf: »Ha-Ha!« und verweist auf seine miese kleine Büromädchenaffäre. – Was nun!

Wochenlange Eheberatung, monatelange Partnertherapie, jahrelange Analyse ebnen allesamt einen öden und unerquicklichen Weg: »Akzeptieren Sie den Partner in seiner Fehlerhaftigkeit«, sagen die Seelenbehandler mit müden Augen oder, ersatzweise: »Sagen Sie ja zu Ihrem Trennungsschmerz.« Für Komik haben die Psychologen keinerlei Sinn. Der krampfhaft beherrschte Mann, die hemmungslos tobende Frau, die maßlose Kleinlichkeit, mit der am Ende der großen Liebe die Besitztümer mißgünstig aussortiert werden: wie alle Großzügigkeit dahin ist und hartnäckig Ansprüche auf einzelne Bücher, Stühle, Tischlampen, sogar auf das gute alte in den gemeinsamen Haushalt eingebrachte Kartoffelschälmesser angemeldet und hervorgedruckst werden – das ist in seiner Kleinkariertheit ein wahrhaft komisches Spektakel.

Wenn überhaupt etwas die Trennung erleichtert oder auch verhindert, dann ist es die Einsicht, daß sich Trennende grotesk benehmen. Weil uns die Liebe, aus gutem Grund, heilig ist, sehen wir ihr bei ihrem Aufblühen mit beglückter Rührung zu, sprechen geradezu andächtig vom Orgasmus, und mit mitleidvoller Ergriffenheit verfolgen wir selbst bei fernen Bekannten die Querelen der Trennung – anstatt die Zuckungen der Liebe auch einmal als absurdes Theater zu begreifen und zu belachen.

Im Zeitalter der Ratgeberliteratur fehlt dringend ein Buch, das Regieanweisungen für zerstrittene Paare gibt; eine Art Trennungsknigge. Denn die Trennung muß Format haben, wenn sie erträglich sein soll; nicht simple Suppenteller dürfen durch die Gegend fliegen. Die Klischees von Boulevardkomödie und kleinem Fernsehspiel sind dringend zu vermeiden. Man sollte sich schon mehr Mühe geben. Wer etwa seine Frau ständig mit Pedanterie entnervte, sollte nun die Größe aufbringen, ihr überlegen ein letztes Lachen zu gönnen, und alle Möbelstücke, die er beansprucht, mit einem sorgfältig ausgefüllten Eigentumsnachweis bekleben.

Und die Frau, der von ihrem Mann immer wieder hysterische Anfälle vorgeworfen wurden, hat die wunderbarsten Möglichkeiten für einen schönen Schlußpunkt oder Neubeginn: Sie geht in die Garage und haut mit der stumpfen Seite der Axt minutenlang auf sein ein und alles, diesen gottverdammten Neuwagen, ein. Wenn ihr Mann daraufhin nicht in enormes Gelächter ausbricht, dann hat er keinen Sinn für harte Witze.

Jede Trennung ist eine Tragödie, aber nur eine wirkliche Tragödie gibt Anlaß zu wirklich befreiendem Gelächter. Nur wenn der mutwillig angerichtete Schaden in die Tausende geht, kann man souverän wie ein Großfürst auflachen.

Der Mann, der sich betrogen fühlt und der nun hastig ohne Schirm und Kopfbedeckung durch die Regennacht stapft, um nachher bei seiner untreuen Frau als nasser Heimatloser Gewissensbisse zu erschleichen, ist eine durch und durch komische Figur. Er soll sich naßregnen lassen, aber er muß wissen, daß seine zur Schau gestellte Wehleidigkeit auch lachhaft ist.

Wenn etwas gelingt, wenn die goldene Hochzeit tatsächlich glücklich gefeiert werden kann, ist das schön und gut und beneidenswert. Das Mißlingen aber, der Reinfall, ist wenigstens komisch. Wer das befremdliche Gefühl hat, daß sich der Gefährte in ein Scheusal verwandelt hat, der sollte nicht gleich in der nächsten Selbsterfahrungsgruppe das Weinen lernen wollen. Besser, sich erst einmal an Heinrich Heine zu erinnern, der »das schöne gelle Lachen« empfahl, für den Fall, das Herz sei »im Leibe zerrissen und zerschnitten und zerfetzt«.

CHRISTINE NÖSTLINGER

# Mit zwei Stichen . . .

Die »Paschas« und »Haustyrannen« haben ja, wie man allgemein hört, längst ausgedient und sind durch den »neuen Mann« ersetzt worden.

Das Modell »neuer Mann zeichnet sich vor allem dadurch aus, daß es die Ehefrau nicht mehr autoritär und selbstherrlich zu persönlichen Dienstleistungen heranzieht, sondern akzeptiert, daß jeder Mensch für die Bedürfnisse der eigenen Person selbst zu sorgen hat!

Aber natürlich ist der »neue Mann«, wenn es um die Erledigung kleiner – früher als »weiblich« geltender – Arbeiten geht, nicht so versiert wie seine Ehefrau.

Sie sollte er auch? Sein Papa und sein Opa haben ihn ja nicht von klein auf dazu erzogen!

Also muß der »neue Mann«, so unangenehm ihm das auch ist, seiner Ehefrau doch hin und wieder eine Arbeit aufhalsen, die er eigentlich selbst erledigen wollte. Und weil er dies als sein »Versagen« ansieht und weil jedermann sein Versagen gern so klein wie möglich hält, reduziert der »neue Mann« die Dienstleistung, um die er bei der Ehefrau einkommt, auf ein Minimum.

Er sagt nicht: »Bitte, bügle mir das blaue Hemd!« Er spricht mit Dackelblick: »Kannst du mir – nur so ein bisserl – den Kragen vom Hemd ausstreifen?«

Und wenn er ein faustgroßes Loch im Sokken hat, fädelt er zuerst farblich unpassende Stopfwolle durch ein Nadelöhr, steht dann mit dem Socken in der einen und dem baumelnden Faden in der anderen Hand seufzend herum und fragt – so ihm nicht Socken und Faden aus den Händen genommen werden – artig an:

»Könntest du mir das Loch da ein wenig zusammenziehen?«

Und falls ihm ein Knopf vom Mantel zu fallen droht, ersucht er die Ehefrau darum, daß sie ihn »mit zwei Stichen« wieder fixiere.

So viel Bescheidenheit ehrt ja nun wahrlich den »neue Mann«!

Das Dumme an der Sache ist jedoch, daß es keine Ehefrau über sich bringt, wirklich nur über den Hemdkragen zu »streifen«, das Sockenloch »zusammenzuziehen« und den Knopf halslos mit »zwei Stichen« zu fixieren! Sie tut ganze Arbeit und hätte es gern, daß selbige auch gehörig gewürdigt wird! Und drum schaut sie einigermaßen vergrämt, wenn der Herr Gemahl wieder einmal um »zwei Stiche« ersucht.

Und der »neue Mann« meint dann, daß die »neue Frau« nicht einmal zum minimalsten Liebesdienst an ihm bereit sei! Und kommt sich noch viel ärmer vor, als er eh schon ist!

INGEBORG BACHMANN

# Das dreißigste Jahr

Wenn einer in sein dreißigstes Jahr geht, wird man nicht aufhören, ihn jung zu nennen. Er selber aber, obgleich er keine Veränderungen an sich entdecken kann, wird unsicher; ihm ist, als stünde es ihm nicht mehr zu, sich für jung auszugeben. Und eines Morgens wacht er auf, an einem Tag, den er vergessen wird, und liegt plötzlich da, ohne sich erheben zu können, getroffen von harten Lichtstrahlen und entblößt jeder Waffe und jeden Muts für den neuen Tag. Wenn er die Augen schließt, um sich zu schützen, sinkt er zurück und treibt ab in eine Ohnmacht, mitsamt jedem gelebten Augenblick. Er sinkt und sinkt, und der Schrei wird nicht laut (auch er ihm genommen, alles ihm genommen!), und er stürzt hinunter ins Bodenlose, bis ihm die Sinne schwinden, bis alles aufgelöst, ausgelöscht und vernichtet ist, was er zu sein glaubte. Wenn er das Bewußtsein wieder gewinnt, sich zitternd besinnt und wieder zur Gestalt wird, zur Person, die in Kürze aufstehen und in den Tag hinaus muß, entdeckt er in sich aber eine wundersame neue Fähigkeit. Die Fähigkeit, sich zu erinnern. Er erinnert sich nicht wie bisher, unverhofft oder weil er es wünschte, an dies und jenes, sondern mit einem schmerzhaften Zwang an alle seine Jahre, flächige und tiefe, und an alle Orte, die er eingenommen hat in den Jahren. Er wirft das Netz Erinnerung aus, wirft es über sich und zieht sich selbst, Erbeuter und Beute in einem, über die Zeitschwelle, die Ortschwelle, um zu sehen, wer er war und wer er geworden ist.

Denn bisher hat er einfach von einem Tag zum andern gelebt, hat jeden Tag etwas anderes versucht und ist ohne Arg gewesen. Er hat so viele Möglichkeiten für sich gesehen und er hat, zum Beispiel, gedacht, daß er alles mögliche werden könne:

Ein großer Mann, ein Leuchtfeuer, ein philosophischer Geist.

Oder ein tätiger, tüchtiger Mann; er sah sich beim Brückenbau, beim Straßenbau, im Drillich, sah sich verschwitzt herumgehen im Gelände, das Land vermessen, aus einer Blechbüchse eine dicke Suppe löffeln, einen Schnaps trinken mit den Arbeitern, schweigend. Er verstand sich nicht auf viele Worte.

Oder ein Revolutionär, der den Brand an den vermorschten Holzboden der Gesellschaft legte; er sah sich feurig und beredt, zu jedem Wagnis aufgelegt. Er begeisterte, er war im Gefängnis, er litt, scheiterte und errang den ersten Sieg.

Oder ein Müßiggänger aus Weisheit – jeden Genuß suchend und nichts als Genuß, in der Musik, in Büchern, in alten Handschriften, in fernen Ländern, an Säulen gelehnt. Er hatte ja nur dieses eine Leben zu leben, dieses eine Ich zu verspielen, begierig nach Glück, nach Schönheit, geschaffen für Glück und süchtig nach jedem Glanz!

Mit den extremsten Gedanken und den fabelhaftesten Plänen hatte er sich darum jahrelang abgegeben, und weil er nichts war außer jung und gesund, und weil er noch so viel Zeit zu haben schien, hatte er zu jeder Gelegenheitsarbeit ja gesagt. Er gab Schülern Nachhilfestunden für ein warmes Essen, verkaufte Zeitungen, schaufelte Schnee für fünf Schilling die Stunde und studierte daneben die Vorsokratiker. Er konnte nicht wählerisch sein und ging darum zu einer Firma als Werkstudent, kündigte wieder, als er bei einer Zeitung unterkam; man ließ ihn Reportagen schreiben über einen neuen Zahnbohrer, über Zwillingsforschung, über die Restaurationsarbeiten am Stephansdom. Dann machte er sich eines Tages ohne Geld auf die Reise, hielt Autos an, benutzte Adressen, die ihm ein Bursche, den er kaum kannte, von jemand Dritten gegeben hatte, blieb da und dort und zog weiter. Er trampte durch Europa, kehrte dann aber, einem plötzlichen Entschluß folgend, um, bereitete sich auf Prüfungen für einen nützlichen Beruf vor, den er aber nicht als seinen endgültigen ansehen wollte, und er bestand die Prüfungen. Bei jeder Gelegenheit hatte er ja gesagt zu einer Freundschaft, zu einer Liebe, zu einem Ansinnen, und all dies immer auf Probe, auf Abruf. Die Welt schien ihm kündbar, er selbst sich kündbar.

Nie hat er einen Augenblick befürchtet, daß der Vorhang wie jetzt, aufgehen könne vor seinem dreißigsten Jahr, daß das Stichwort fallen könne für ihn, und er zeigen müsse eines Tages, was er wirklich zu denken und zu tun vermochte, und daß er eingestehen müsse, worauf es ihm wirklich ankomme. Nie hat er gedacht, daß von tausendundeiner Möglichkeit vielleicht schon tausend Möglichkeiten vertan und versäumt waren – oder daß er sie hatte versäumen müssen, weil nur eine für ihn galt.

Nie hat er bedacht . . .

Nichts hat er befürchtet.

Jetzt weiß er, daß auch er in der Falle ist.


Es ist ein regnerischer Juni, mit dem dieses Jahr beginnt. Früher ist er verliebt gewesen in diesem Monat, in dem er geboren ist, in den frühen Sommer, in sein Sternbild, in die Verheißung von Wärme und guten Einflüssen guter Gestirne.

Er ist nicht mehr verliebt in seinen Stern.


Und es wird ein warmer Juli.

Unruhe überfällt ihn. Er muß die Koffer pakken, sein Zimmer, seine Umgebung, seine Vergangenheit kündigen. Er muß nicht nur verreisen, sondern weggehen. Er muß frei sein in diesem Jahr, alles aufgeben, den Ort, die vier Wände und die Menschen wechseln. Er muß die alten Rechnungen begleichen, sich abmelden bei einem Gönner, bei der Polizei und der Stammtischrunde. Damit er alles los und ledig wird. Er muß nach Rom gehen, dorthin zurück, wo er am freiesten war, wo er vor Jahren sein Erwachen, das Erwachen seiner Augen, seiner Freude, seiner Maßstäbe und seiner Moral erlebt hat.

Sein Zimmer ist schon ausgeräumt, aber einiges liegt herum, von dem er nicht weiß, was damit geschehen soll: Bücher, Bilder, Prospekte von Küstenlandschaften, Stadtpläne und eine kleine Reproduktion, von der ihm nicht einfällt, woher er sie hat. ›L'espérance‹ heißt das Bild von Puvis de Chavannes, auf dem die Hoffnung, keusch und eckig, mit einem zaghaft grünenden Zweig in der Hand, auf einem weißen Tuch sitzt. Im Hintergrund hingetupft – einige schwarze Kreuze; in der Ferne – fest und plastisch, eine Ruine; über der Hoffnung – ein rosig verdämmernder Streif Himmel, denn es ist Abend, es ist spät, und die Nacht zieht sich zusammen. Obwohl die Nacht nicht auf dem Bild ist – sie wird kommen! Über das Bild der Hoffnung und die kindliche Hoffnung selbst wird sie hereinbrechen und sie wird diesen Zweig schwärzen und verdorren machen.

Aber das ist nur ein Bild. Er wirft es weg.

Dann liegt da noch ein feiner Seidenschal mit einem Riß, von Staub parfümiert. Ein paar Muscheln. Steine, die er aufgehoben hat, als er nicht allein übers Land ging. Eine vertrocknete Rose, die er, als sie frisch war, nicht weggeschickt hat. Briefe, die beginnen mit »Liebster«, »Mein Geliebter«, »Du, mein Du«, »Ach«. Und das Feuer frißt sie mit einem raschen »Ach« und rollt und bröckelt eine feine Aschenhaut. Er verbrennt die Briefe alle.

Er wird sich von den Menschen lösen, die um ihn sind, möglichst nicht zu neuen gehen. Er kann nicht mehr unter Menschen leben. Sie lähmen ihn, haben ihn sich zurechtgelegt nach eigenem Gutdünken. Man geht, sowie man eine Zeitlang an einem Ort ist, in zu vielen Gestalten, Gerüchtgestalten, um und hat immer weniger Recht, sich auf sich selbst zu berufen. Darum möchte er sich, von nun an und für immer, in seiner wirklichen Gestalt zeigen. Hier, wo er seit langem seßhaft ist, kann er nicht damit beginnen, aber dort wird er es tun, wo er frei sein wird.

Er kommt an und trifft in Rom auf die Gestalt, die er den anderen damals zurückgelassen hat. Sie wird ihm aufgezwungen wie eine Zwangsjacke.

Er tobt, wehrt sich, schlägt um sich, bis er begreift und stiller wird. Man läßt ihm keine Freiheit, weil er sich erlaubt hat, früher und als er jünger war, hier anders gewesen zu sein. Er wird sich nie und nirgends mehr befreien können, von vorn beginnen können. So nicht. Er wartet ab.

Er trifft Moll wieder. Moll, dem immer geholfen werden mußte. Moll, der sonst an den Menschen zweifelte, Moll, der verlangt, daß man sich an ihm bewährt, Moll, dem er vor langer Zeit sein ganzes Geld geborgt hat, Moll, der auch Elena kannte ... Moll, jetzt im Glück, gibt ihm das Geld nicht zurück und ist deswegen schwierig im Umgang und leicht beleidigt. Moll, den er seinerzeit zu allen seinen Freunden gebracht hat, dem er alle Türen geöffnet hat, weil er so hilfsbedürftig war, hat sich inzwischen überall eingenistet und ihn in Verruf gebracht mit kleinen, fein dosierten Geschichten, nacherzählten, leicht gefälschten Äußerungen. Moll ruft täglich an und ist überall, wo er hingeht. Moll sorgt sich um ihn, erschleicht sich Bekenntnisse, die er an der nächsten Ecke an den Nächstbesten weitergibt, und nennt sich seinen Freund. Wo Moll nicht ist, ist Molls Schatten, riesig und bedrohlicher noch in den Gedanken und Phantasien. Moll ohne Ende. Molls Terror. Moll selbst aber ist um vieles kleiner, rächt sich nur erstaunlich geschickt dafür, daß er ihm etwas schuldig ist.

Dieses Jahr beginnt schlecht. Er wird inne, daß die Gemeinheit möglich ist und daß sie ihn erreichen kann, ja schon des öfteren ihm nahe gekommen ist, aber diesmal wirft sie sich mit Gewalt über ihn und erstickt ihn. Und es ist ihm plötzlich gewiß, daß diese Gemeinheit eine lange Geschichte haben, sich auswachsen und sein Leben durchziehen wird. Ihre Säure wird ihn immer wieder ätzen, ihn brennen, wenn er nicht mehr darauf gefaßt sein wird. Auf Moll war er nicht gefaßt.

Auf viele Moll muß er sich noch gefaßt machen, er kennt ihrer schon zu viele da und dort; erst jetzt begreift er an dem einen Moll, daß da nicht nur einer ist.

In diesem Jahr wird er irre und weiß nicht, ob er je Freunde hatte, ob er je geliebt worden ist. Ein Blitz beleuchtet alle seine Bindungen, alle Umstände, Abschiede, und er fühlt, daß er betrogen und verraten ist.

Er trifft Elena wieder. Elena, die ihm zu verstehen gibt, daß sie ihm verziehen hat. Er versucht, dankbar zu sein. Daß sie ihn erpreßt und bedroht hat, ohne Verstand in ihrer Wut war und seine Existenz vernichten wollte – und das ist erst wenige Jahre her –, begreift sie selbst kaum mehr. Sie ist zur Freundschaft bereit, liebenswürdig, spricht klug, nachsichtig, wehmütig, denn sie ist jetzt verheiratet. Er war damals kurze Zeit von ihr getrennt gewesen, hatte sie, wie er sich selbst zugab, aufs dümmste betrogen. An den Rest denkt er widerwillig: an ihre Rache, seine Flucht, seine Verluste, die Wiedergutmachungen, die Scham, auch die Reue, die erneute Werbung. Jetzt hat sie ein Kind, aber als er sie arglos danach fragt, gibt sie lächelnd und zögernd zu, daß sie eben damals, in der Zeit der Trennung, schwanger geworden sei. Sie scheint einen Augenblick lang bedrückt, nicht länger. Er staunt über ihre Ruhe, ihre Gelassenheit. Er denkt, empfindungslos und ohne Erregung, daß ihr Zorn damals so geheuchelt war, daß sie keinen Grund gehabt habe für ihre Selbstgerechtigkeit, kein Recht zu der Erpressung, die er hingenommen hatte, weil er allein sich schuldig glaubte. (Bisher meinte er, sie sei erst nach seiner Abreise, vielleicht um zu vergessen, zu einem anderen gegangen.) Er hat sich die ganze Zeit über schuldig geglaubt, und sie hatte ihn einfach an seine Schuld glauben lassen. Er atmet leise und nachdrücklich die Schuld aus und denkt: Ich bin schlecht beraten gewesen in meiner Verzweiflung. Aber ich bin jetzt noch schlechter beraten von meiner Klarsicht. Mir wird kalt. Ich hätte die Schuld lieber behalten.

Es ist Zerstörung im Gang. Ich werde von Glück reden können, wenn dieses Jahr mich nicht

umbringt. Ich könnte die etruskischen Gräber besuchen, ein wenig in die Campagna fahren, in der
Umgebung streunen.

Rom ist groß. Rom ist schön. Aber es ist unmöglich, hier nochmals zu leben. Wie überall mi-
schen sich Halbfreunde unter die Freunde, und
dein Freund Moll erträgt deinen Freund Moll
nicht, und sie beide sind unnachsichtig gegen deinen dritten Freund Moll. Von allen Seiten wird
auf die Wand gedrückt, hinter der du Schutz
suchst. Obwohl du manchmal gewünscht und
gebraucht wirst, selbst Zuneigung faßt und andere brauchst, sind alle Gesten heikel, und du
kannst nicht mehr mit Kopfschmerzen herumgehen; sie werden sogleich als beleidigender Unmut
ausgelegt. Du kannst nicht einen Brief ohne Antwort lassen, ohne des Hochmuts, der Indolenz
bezichtigt zu werden. Du kannst dich bei keiner
Verabredung mehr verspäten, ohne Zorn zu er-
regen.

Wie aber hat das bloß angefangen? Hat nicht
vor Jahren schon die Unterdrückung, die Bevor-
mundung durch die Netzwerke der Feindschaf-
ten und Freundschaften eingesetzt, bald nachdem
er sich in die Händel der Gesellschaft hatte ver-
stricken lassen. Hat er nicht, in seiner Mutlosig-
keit, seither ein Doppelleben ausgebildet, ein
Vielfachleben, um überhaupt noch leben zu können? Betrügt er nicht schon alle und jeden und

vielfach sich selber? Eine gute Herkunft hat ihm geschenkt: die Anlage zur Freundlichkeit, zum Vertrauen. Seine gute Sehnsucht ist gewesen: das barbarische Verlangen nach Ungleichheit, höchster Vernunft und Einsicht. Hinzuerworben hat er nur die Erfahrung, daß die Menschen sich an einem vergingen, daß man selbst sich auch an ihnen verging und daß es Augenblicke gibt, in denen man grau wird vor Kränkung – daß jeder gekränkt wird bis in den Tod von den anderen. Und daß sich alle vor dem Tod fürchten, in den allein sie sich retten können vor der ungeheuerlichen Kränkung, die das Leben ist.

August! Da waren sie, die Tage aus Eisen, die in der Schmiede zum Glühen gebracht wurden. Die Zeit dröhnte.

Die Strände waren belagert, und das Meer wälzte nicht mehr seine Wellenheere heran, sondern täuschte Erschöpfung vor, die tiefe, blaue.

Am Rost, im Sand, gebraten, geflammt: das leicht verderbliche Fleisch des Menschen. Vor dem Meer, auf den Dünen: das Fleisch.

Ihm war angst, weil der Sommer sich so verausgabte. Weil das bedeutete, daß bald der Herbst kam. Der August war voll Panik, voll Zwang, zuzugreifen und schnell zu leben.

In den Dünen ließen sich alle Frauen umarmen, hinter den Felsen, in den Kabinen, in den Autos, die unter den Pinienschatten standen; selbst in der Stadt, hinter den herabgelassenen Persianen am Nachmittag, boten sie sich im Halbschlaf an oder sie blieben, eine Stunde später, auf dem Corso mit ihren hohen Absätzen hängen im aufgeweichten Asphalt der flautenstillen Straßen und griffen, Halt suchend, nach einem Arm, der vorüberstreifte.

Kein Wort wurde in diesem Sommer gesprochen. Kein Name genannt.

Er pendelte zwischen dem Meer und der Stadt hin und her, zwischen hellen und dunklen Körpern, von einer Augenblicksgier zur andern, zwischen Sonnengischt und Nachtstrand, mit Haut und Haar gepackt vom Sommer. Und die Sonne rollte jeden Morgen schneller herauf und stürzte immer früher hinunter vor den unersättlichen Augen, ins Meer.

Er betete die Erde und das Meer und die Sonne an, die ihn so fürchterlich gegenwärtig bedrängten. Die Melonen reiften; er zerfleischte sie. Er kam vor Durst um.

Er liebte eine Milliarde Frauen, alle gleichzeitig und ohne Unterschied.

Wer bin ich denn, im goldnen September, wenn ich alles von mir streife, was man aus mir gemacht hat? Wer, wenn die Wolken fliegen!

Der Geist, den mein Fleisch beherbergt, ist ein noch größerer Betrüger als sein scheinheiliger

Wirt. Ihn anzutreffen, muß ich vor allem fürchten. Denn nichts, was ich denke, hat mit mir zu schaffen. Nichts anderes ist jeder Gedanke als das Aufgehen fremder Samen. Nichts von all dem, was mich berührt hat, bin ich fähig zu denken, und ich denke Dinge, die mich nicht berührt haben.

Ich denke politisch, sozial und noch in ein paar anderen Kategorien und hier und da einsam und zwecklos, aber immer denke ich in einem Spiel mit vorgefundenen Spielregeln und einmal vielleicht auch daran, die Regeln zu ändern. Das Spiel nicht. Niemals!

Ich, dieses Bündel aus Reflexen und einem gut erzogenen Willen, *Ich* ernährt vom Abfall aus Geschichte, Abfällen von Trieb und Instinkt, *Ich* mit einem Fuß in der Wildnis und dem anderen auf der Hauptstraße zur ewigen Zivilisation. *Ich undurchdringlich,* aus allen Materialien gemischt, verfilzt, unlöslich und trotzdem auszulöschen durch einen Schlag auf den Hinterkopf. Zum Schweigen gebrachtes *Ich aus Schweigen* . . .

Warum habe ich einen Sommer lang Zerstörung gesucht im Rausch oder die Steigerung im Rausch? – doch nur, um nicht gewahr zu werden, daß ich ein verlassenes Instrument bin, auf dem jemand, lang ist's her, ein paar Töne angeschlagen hat, die ich hilflos variiere, aus denen ich wütend versuche, ein Stück Klang zu machen, das meine

Handschrift trägt. Meine Handschrift! Als ob es darauf ankäme, daß irgend etwas meine Handschrift trägt! Blitze sind durch Bäume gefahren und haben sie gespalten. Wahnsinn ist über die Menschen gekommen und hat sie innen zerstückt. Heuschreckenschwärme sind über die Felder gefallen und haben die Fraßspur gelassen. Fluten haben Hügel verheert, die Wildbäche den Abhang. Die Erdbeben haben nicht geruht. Das sind Handschriften, die einzigen.

Wäre ich nicht in die Bücher getaucht, in Geschichten und Legenden, in die Zeitungen, die Nachrichten, wäre nicht alles Mitteilbare aufgewachsen in mir, wäre ich ein Nichts, eine Versammlung unverstandener Vorkommnisse. (Und das wäre vielleicht gut, dann fiele mir etwas Neues ein!) Daß ich sehen kann, daß ich hören kann, das verdiente ich nicht, aber meine Gefühle, die verdiene ich wahrhaftig, diese Reiher über weißen Stränden, diese Wanderer nachts, die hungrigen Vagabunden, die mein Herz zur Landstraße nehmen. Ich wollte, ich könnte all denen, die an ihre einzigartigen Köpfe und die harte Währung ihrer Gedanken glauben, zurufen: seid guten Glaubens! Aber sie sind außer Kurs gesetzt, diese Münzen, mit denen ihr klimpert, ihr wißt es nur noch nicht. Zieht sie aus dem Verkehr mitsamt den abgebildeten Totenköpfen und Adlern. Gebt zu, daß es vorbei ist mit Griechenland und

Buddhaland, mit Aufklärung und Alchimie. Gebt zu, daß ihr nur ein von den Alten möbliertes Land bewohnt, daß eure Ansichten nur gemietet sind, gepachtet die Bilder eurer Welt. Gebt zu, daß ihr, wo ihr wirklich bezahlt, mit eurem Leben, es nur jenseits der Sperre tut, wenn ihr Abschied genommen habt von allem was euch so teuer ist – auf Landeplätzen, Flugbasen, und nur von dort aus den eigenen Weg und eure Fahrt antretet, von imaginierter Station zu imaginierter Station, Weiterreisende, denen es um Ankommen nicht zu tun sein darf!

Flugversuch! Neuer Liebesversuch! Da eine immense unbegriffene Welt sich zu deiner Verzweiflung anbietet – laß fahren dahin!

Schattenschlaf, geflügelte Heiterkeit über Abgründen. Wenn einer den anderen nicht mehr umschlingt, still für sich gehen läßt, wenn der Polyp Mensch seinen Fangarm einzieht, nicht mehr den Nächsten verschlingt... Menschlichkeit: den Abstand wahren können.

Haltet Abstand von mir, oder ich sterbe, oder ich morde, oder ich morde mich selber. Abstand, um Gottes willen!

Ich bin zornig, von einem Zorn, der nicht Anfang und Ende hat. Mein Zorn, der von einer frühen Eiszeit herrührt und sich gegen die eisige Zeit jetzt wendet... Denn wenn die Welt zu Ende geht – und alle sagen's, die Gläubigen und die

Abergläubischen, die Wissenschaftler und die Propheten, einmal wird sie zu Ende gehen – warum dann nicht vor dem Ausrotieren oder vor dem Knall oder vor dem Jüngsten Gericht? Warum dann nicht aus Einsicht und Zorn? Warum sollte sich dieses Geschlecht nicht sittlich verhalten können und ein Ende setzen? Das Ende der Heiligen, der unfruchtbar Fruchtbaren, der wahrhaft Liebenden. Dagegen wäre zufällig nichts zu sagen.

Er erwachte immer schwerer an den Morgen. Er blinzelte in das wenige Licht, drehte sich weg, vergrub seinen Kopf im Kissen. Er bat um mehr Schlaf. Komm, schöner Herbst. In diesem Oktober der letzten Rosen . . .

Es gibt allerdings eine Insel, von der ihm einer erzählt hat, in der Ägäis, auf der es nur Blumen und steinerne Löwen gibt; die gleichen Blumen, die bei uns bescheiden und kurz blühen, kommen dort zweimal im Jahr, groß und leuchtend. Die knappe Erde, der abweisende Fels spornen sie an. Die Armut treibt sie in die Arme der Schönheit.

Er schlief meist bis tief in den Nachmittag und half sich mit Liebhabereien über den Abend. Er gab immer mehr Unmut preis bei diesem Ausschlafen und schlief sich Kraft zusammen. Ihm schien plötzlich die Zeit nicht mehr kostbar, nicht mehr vernutzbar. Er mußte auch nichts Bestimmtes tun, um zufrieden zu sein, keinen Wunsch oder Ehrgeiz mehr befriedigen, um am Leben zu bleiben.

Die Besonderheit dieses abtretenden Jahres war es, mit dem Licht zu geizen. Auch die Lichttage trugen Grau.

Er ging jetzt immer auf kleine Plätze, ins Ghetto oder in die Cafés der Kutscher nach Trastevere, und trank dort langsam, Tag für Tag zu der gleichen Stunde, seinen Campari. Er bekam Gewohnheiten, pflegte sie, auch die allerkleinsten. Diesen seinen Verknöcherungen sah er mit Wohlgefallen zu. Am Telefon sagte er oft: Meine Lieben, heute kann ich leider nicht. Vielleicht nächste Woche. – In der darauffolgenden Woche stellte er das Telefon ab. Auch in den Briefen ließ er sich auf keine Versprechungen und Erkärungen mehr ein. So viele unnütze Stunden hatte er mit anderen verbracht, und jetzt nutzte er die Stunden zwar auch nicht, aber er bog sie zu sich her, roch an ihnen. Er kam in den Genuß der Zeit; ihr Geschmack war rein und gut. Er wollte sich ganz auf sich selbst zurückziehen. Aber das bemerkte niemand oder niemand wollte es wahrhaben. In den Vorstellungen der Mitwelt ging er noch verschwenderisch um, war er immer noch ein Hans Dampf in allen Gassen, und manchmal traf er seine wolkige Gestalt in der Stadt und grüßte sie zurückhaltend, weil es sie kannte von früher. Von heute war sie nicht. Heute war er ein anderer. Gut fühlte er sich allein, er forderte nichts mehr, trug die Wunschgebäude ab, gab seine Hoffnungen auf und wurde einfacher von Tag zu Tag. Er fing an, demütig von der Welt zu denken. Er suchte nach einer Pflicht, er wollte dienen.

Einen Baum pflanzen. Ein Kind zeugen.

Ist das bescheiden genug? Ist es einfach genug?

Wenn er sich umsähe nach einem Stück Land und einer Frau – und er kennt Leute, die das getan haben in aller Bescheidenheit –, dann könnte er um acht Uhr früh aus dem Haus und an seine Arbeit gehen, im Getriebe einen Platz ausfüllen, von den Ratenzahlungen auf Möbel und von den staatlichen Kinderzulagen Gebrauch machen. Er könnte, was er erlernt hat, monatlich in Geldscheinen bedankt sehen und sie dazu verwenden, sich und den Seinen ein ruhiges Wochenende zu machen. Er könnte den Kreislauf mitbeleben, mitkreisen.

Das würde ihm gut gefallen. Besonders: einen Baum zu pflanzen. Er könnte ihn durch alle Jahreszeiten beobachten, Ringe ansetzen sehen und seine Kinder hinaufklettern lassen. Ernten würden ihm gefallen. Äpfel. Obwohl er keine Äpfel essen mag, besteht er auf einem Apfelbaum. Und einen Sohn zu haben, das wäre nach seinem Geschmack, obwohl es ihm, wenn er Kinder sieht, gleichgültig ist, welchen Geschlechts sie sind.

Der Sohn würde auch wieder Kinder haben, Söhne.

Aber eine Ernte, die so fern ist, draußen im Garten, den andere übernehmen werden, draußen in der Zeit, in der er kein Leben mehr haben wird! Dieser Schauder! Und hier ist der ganze Erdkreis voll von Bäumen und Kindern, krätzigen, verkrüppelten Bäumen, hungernden Kindern, und keine Hilfe reicht aus, um ihnen zu einem würdigen Dasein zu verhelfen. Pfleg einen wilden Baum, nimm dich dieser Kinder an, tu es, wenn du kannst, schütz auch nur einen Baum vorm Gefälltwerden und sprich dann weiter!

Hoffnung: ich hoffe, daß nichts eintritt, wie ich es erhoffe. Ich erhoffe, wenn Baum und Kind mir zukommen sollen, daß dies zu einer Zeit geschieht, in der mir jede Hoffnung darauf abhanden gekommen ist und jede Bescheidenheit. Dann werde ich auch umgehen können mit beiden, gut und bestimmt, und sie verlassen können in meiner Todesstunde.

Aber ich lebe ja. Ich lebe! Daran ist nicht zu rütteln.

Einmal, als er kaum zwanzig Jahre alt war, hatte er in der Wiener Nationalbibliothek alle Dinge zu Ende gedacht und dann erfahren, daß er ja lebte. Er lag über den Büchern wie ein Ertrinkender und dachte, während die kleinen grünen Lampen brannten und die Leser auf leisen Sohlen schlichen, leise husteten, leise umblätterten, als fürchteten sie, die Geister zu wecken, die zwischen den Buchdeckeln hausten. Er *dachte* – wenn jemand versteht, was das heißt! Er weiß noch genau den Augenblick, als er einem Problem der Erkenntnis nachging und alle Begriffe locker und handlich in seinem Kopf lagen. Und als er *dachte* und *dachte* und wie auf einer Schaukel hoch und höher flog, ohne Schwindelgefühl, und als er sich den herrlichsten Schwung gab, da fühlte er sich gegen eine Decke fliegen, durch die er oben durchstoßen mußte. Ein Glücksgefühl wie nie zuvor hatte ihn erfaßt, weil er in diesem Augenblick daran war, etwas, das sich auf alles und aufs Letzte bezog, zu begreifen. Er würde durchstoßen mit dem nächsten Gedanken! Da geschah es. Da traf und rührte ihn ein Schlag, inwendig im Kopf; ein Schmerz entstand, der ihn ablassen hieß, er verlangsamte sein Denken, verwirrte sich und sprang von der Schaukel ab. Er hatte seine Kapazität zu denken überschritten oder vielleicht konnte dort kein Mensch weiterdenken, wo er gewesen war. Oben, im Kopf, an seiner Schädeldecke, klickte etwas, es klickte beängstigend und hörte nicht auf, einige Sekunden lang. Er meinte, irrsinnig geworden zu sein, und umkrallte sein Buch mit den Händen. Er ließ den Kopf vornüber sinken und schloß die Augen, ohnmächtig bei vollem Bewußtsein.

Er war am Ende.

Er war mehr am Ende als je, als wenn er bei einer Frau war und wenn in seinem Gehirn alle Leitungen einen Augenblick lang unterbrochen waren, er die Vernichtung seiner Person erhoffte, sich eintreten fühlte in das Reich der Gattung. Denn was hier vernichtet worden war, in dem großen alten Saal, beim Licht der grünen Lämpchen, in der Stille der feierlichen Buchstabenabspeisung, war ein Geschöpf, das sich zu weit erhoben hatte, ein Flügelwesen, das durch blaudämmernde Gänge einem Lichtquell zustrebte, und, genau genommen, ein Mensch, nicht mehr als ein Widerpart, sondern als der mögliche Mitwisser der Schöpfung. Er wurde vernichtet als möglicher Mitwisser, und von nun an würde er nie wieder so hoch steigen und an die Logik rühren können, an die die Welt gehängt ist.

Er wußte sich abgewiesen, unfähig, und von Stund an war ihm die Wissenschaft ein Greuel, weil er sich darin vergangen hatte, weil er zu weit gegangen und dabei vernichtet worden war. Er konnte nur noch dies und jenes dazulernen, ein Handlanger werden und seinen Verstand geschmeidig erhalten, aber das interessierte ihn nicht. Er hätte sich gern außerhalb aufgestellt, über die Grenze hinübergesehen und von dorther zurück auf sich und die Welt und die Sprache und jede Bedingung. Er wäre gerne mit einer neuen Sprache wiedergekehrt, die getaugt hätte, das erfahrene Geheimnis auszudrücken.

So aber war alles verwirkt. Er lebte, ja, er lebte, das fühlte er zum ersten Mal. Aber er wußte jetzt, daß er in einem Gefängnis lebte, daß er sich darin einrichten mußte und bald wüten würde und diese einzige verfügbare Gaunersprache würde mitsprechen müssen, um nicht so verlassen zu sein. Er würde seine Suppe auslöffeln müssen und am letzten Tag stolz oder feig sein, schweigen, verachten oder wütend zu dem Gott reden, den er hier nicht antreffen konnte und der ihn dort nicht zugelassen hatte. Denn hätte er mit dieser Welt hier etwas zu tun, mit dieser Sprache, so wäre er kein Gott. Gott kann nicht sein in diesem Wahn, kann nicht in ihm sein, kann nur damit zu tun haben, daß dieser Wahn ist, daß da dieser Wahn ist und kein Ende des Wahnes ist!

Im Winter desselben Jahres war er mit Leni in die Berge gefahren, die auf Rax, an dem Wochenende, ja, er weiß es genau. Jetzt erst weiß er es genau. Sie hatten gefroren, gezittert, sich verängstigt aneinander geklammert in der Sturmnacht. Die viel zu dünne schäbige Decke hatten sie einander abwechselnd zugeschoben, dann wieder im Halbschlaf einer dem andern entrissen. Zuvor war er bei Moll gewesen und hatte ihm alles anvertraut. Er war zu Moll gerannt, weil er nicht wußte, was zu machen war, er verstand nichts von alledem, kannte keinen Arzt, kannte sich mit sich selbst und Leni nicht aus, mit Frauen nicht aus. Leni war so jung, er war so jung, und sein Wissen, mit dem er sich aufspielte vor ihr, rührte von Moll her, der sich auskannte oder vorgab, sich auszukennen. Moll hatte die Tabletten besorgt, die er Leni an dem Abend in der Skihütte zu schlucken befahl. Mit Moll hatte er alles beredet, und obwohl ihm so elend war, hatte er sich beneiden lassen von ihm. (Eine Jungfrau, das ist mir noch nicht untergekommen in dieser Stadt, sprich dich aus, alter Freund!) Getrunken hatte er mit Moll und in seinem Rausch Molls Ansichten inhaliert. (Rechtzeitig Schluß machen. Da gibt's nur eines. Sich aus der Affäre ziehen. An die Zukunft denken. Der Stein um den Hals.) Aber in der Schneenacht graute ihm vor sich selber, vor Moll, vor Leni, die er nicht mehr anrühren mochte, seit er wußte, was ihr bevorstand, nie mehr wollte er diesen knöchernen faden Körper, diese geruchlose Kindfrau anrühren, und darum stand er auf mitten in der Nacht und ging noch einmal hinunter ins Gastzimmer, setzte sich an einen leeren Tisch und bemitleidete sich, bis er nicht mehr allein war, bis die beiden blonden Skifah-

rerinnen sich zu ihm setzten, bis er betrunken
war und mit den beiden hinaufging, hinterdrein-
ging wie ein Verurteilter, in dasselbe Stockwerk,
in dem Leni wach lag und weinte oder schlief und
im Schlaf weinte. Als er mit den beiden Mädchen
in der Kammer war und sich mit ihnen lachen
hörte, schien ihm alles einfach und leicht. Alles
das gab es noch für ihn, alles konnte er fordern;
es war so leicht, er hatte nur noch nicht die
richtige Einstellung, aber er würde sie haben,
jetzt gleich und von da an für immer. Er fühlte
sich als Mitwisser eines Geheimnisses der Leichtigkeit, der Billigkeit und eines frevellosen Fre-
vels. Noch ehe er die eine zu küssen anfing,
war Leni schon preisgegeben. Noch ehe er einen
Rest von Widerstand und Scham überwand und
der anderen ins Haar fuhr, war die Angst abgetan.
Doch dann bezahlte er, denn er konnte seine
Ohren nicht verschließen vor den schrillen Worten und dem irren Gestammel, das ihn einkreiste.
Er konnte nicht mehr zurück und er konnte seine
Augen nicht schließen, bezahlte mit seinen
Augen für alles, was ihm vorher und nachher
zu sehen geschenkt war in den Nächten, in denen
Licht brannte. Am nächsten Morgen war Leni
verschwunden. Als er nach Wien zurückkam,
schloß er sich ein paar Tage ein, er ging nicht
zu ihr, ging nie mehr zu ihr, und er hörte nie wieder von ihr. Jahre später erst betrat er das Haus

im III. Bezirk, in dem sie wohnte; aber sie wohnte nicht mehr dort. Er traute sich auch jetzt nicht, nach ihr zu forschen, wäre auch sofort wieder gegangen, geflohen, wenn sie noch da gewohnt hätte. Manchmal sah er sie, in Gespensterstunden, mit aufgedunsenem Gesicht die Donau hinuntertreiben oder das Kind in einem Kinderwagen durch den Stadtpark schieben (und an solchen Tagen mied er den Stadtpark), oder er sah sie ohne Kind, weil das Kind doch gar nicht leben konnte, wie sie als Verkäuferin in einem Geschäft stand und ihn, noch ehe sie ihn sah, nach seinem Wunsch fragte. Er sah sie auch glücklich verheiratet mit einem Vertreter in der Provinz. Aber er sah sie doch nie wieder. Und er vergrub es so tief in sich, daß es nur selten hochstieg, das Bild von der Schneenacht, von dem Sturm, von dem bis zu den kleinen Hüttenfenstern hochgewehten Schnee, dem Licht, das gebrannt hatte über drei verschlungenen Körpern und einem Gekicher, Hexengekicher und blonden Haaren.

Wenn die Kirche im Dorf gelassen ist, wenn einer in die Grube gefallen ist, die er einem anderen grub, wenn sich das Sprichwörtliche erfüllt und alle Voraussagen über Mondwechsel und Sonnengang wieder einmal recht behalten haben – mit einem Wort, wenn die Rechnung vorläufig aufgeht und alles, was im All fliegen soll, fliegt, dann muß er den Kopf schütteln und denken, in welcher Zeit er lebt.

Er ist, wie alle, nicht gut vorbereitet; er weiß nur den geringsten Teil und jeder weiß ja nur einen allergeringsten Teil von dem, was vorgeht.

Er weiß zufällig, daß es Roboter gibt, die sich nicht irren, und er kennt einen Straßenbahnführer, der sich schon einmal geirrt hat mit der Abfahrtszeit und dem Vorfahrtsrecht. Vielleicht irren sich die Sterne und Kometen, wenn zuviel dazwischenkommt, aus Zerstreuung und Müdigkeit und weil sie abgelenkt werden vom alten poetischen Vortrag ihres Lichts.

Er möchte nicht oben sein, aber es ist ihm recht, daß es oben weitergeht, weil oben auch unten ist, also daß es rundherum weitergeht, denn aufzuhalten ist es nicht. Niemand hält es auf. Man hält die Gedanken nicht auf und kein Werkzeug zu ihrer Verlängerung. Es ist auch gleich, ob man links oder rechts durch den Raum fliegt, da alles schon fliegt, die Erde etwa, und wenn noch Flug im Flug ist, um so besser, daß es fliegt und sich dreht, damit man weiß, wie sehr es sich dreht und daß nirgends ein Halt ist, nicht im gestirnten Himmel über dir . . .

Aber in dir drinnen, wo du kaum aufkommst

und nicht sehr mitfliegst, wo zwar auch kein Halt ist, aber ein gestockter, zäher Brei von alten Fragen, die nichts mit Fliegen zu tun haben und Abschußbasen, wo du das Steuer nur ruckweise und kaum spürbar drehen kannst, wo die Moral von der ganzen Geschichte gemacht wird, weil in ihr selbst keine ist, wo du die Moral von der Moral suchst und die Rechnung nicht aufgeht

Wo einer eine Grube gräbt und selbst hineinfällt, wo du klebst und dich windest und noch immer klebst und nicht weiter kannst

Weil dir dort kein Licht aufgeht (und was hilft's dir dann, alles zu wissen über die Lichtgeschwindigkeit?), weil dir kein Licht aufgeht über die Welt und dich und die ganzen Leben und Unleben und Tode

Weil hier nur Marter ist, weil du in der Gaunersprache das rechte Wort nicht findest und die Welt nicht löst

Nur die Gleichung löst du, die die Welt auch ist

Die Welt ist auch eine Gleichung, die löst sich und dann ist Gold gleich Gold und Dreck gleich Dreck

Aber nichts ist dem gleich in dir und nichts gleich der Welt in dir

Wenn du das aufgeben könntest, austreten könntest aus deiner gewohnten Beklemmung

über das Gute und das Böse und in dem Brei alter
Fragen nicht weiterrührtest, wenn du den Mut
hättest, einzutreten in den Fortschritt

Nicht nur in den vom Gaslicht zur Elektrizität,
vom Ballon zur Rakete (die subalterne Verbesserung)

Wenn du den Menschen aufgäbst, den alten,
und einen neuen annähmst, dann

Dann, wenn die Welt nicht mehr weiterginge
zwischen Mann und Frau, so wie jetzt, zwischen
Wahrheit und Lüge, wie Wahrheit jetzt und Lüge
jetzt

Wenn das alles zum Teufel ginge

Wenn du die Rechnung, auf die du Wert legst,
neu aufstelltest und ihr Rechnung trügst

Wenn du ein Flieger wärst und, ohne zu deu-
teln, deine Bögen flögst, wenn du nur Nachricht
gäbst, Bericht, nicht mehr die Geschichte von all-
dem zusammen, von dir und noch einem und einem Dritten

Dann, wenn du heil wärst und nicht mehr ver-
wundet, gekränkt, süchtig nach Reinheit und
Rache

Wenn du keine Märchen mehr glaubtest und
dich nicht mehr fürchtetest im Dunkeln

Wenn du nicht mehr wagen müßtest und verlieren oder gewinnen, sondern machtest

Machst, den Handgriff in der größeren Ordnung, denkst in der Ordnung, wenn du in der

Ordnung wärst, in der Rechnung, aufgingst in der hellen Ordnung

Dann, wenn du nicht mehr meinst, daß es besser gehen müsse »im Rahmen des Gegebenen«, daß die Reichen nicht mehr reich und die Armen nicht mehr arm sein dürften, die Unschuldigen nicht mehr verurteilt und die Schuldigen gerichtet werden sollten

Wenn du nicht mehr trösten und Gutes tun willst und keinen Trost mehr verlangst und Hilfe

Wenn das Mitleid und das Leid zum Teufel gegangen sind und der Teufel zum Teufel, dann!

Dann, wenn die Welt dort angefaßt wird, wo sie sich auch anfassen läßt, wo sie das Geheimnis der Drehbarkeit hat, wo sie noch keusch ist, wo sie noch nicht geliebt und geschändet worden ist, wo die Heiligen sich noch nicht für sie verwandt und die Verbrecher keinen Blutfleck gelassen haben

Wenn der neue Status geschaffen ist

Wenn die Nachfolge in keinem Geist mehr angetreten wird

Wenn endlich endlich kommt

Dann

Dann spring noch einmal auf und reiß die alte schimpfliche Ordnung ein. Dann sei anders, damit die Welt sich verändert, damit sie die Richtung ändert, endlich! Dann, tritt du sie an!

Wenn er in sein dreißigstes Jahr geht und der Winter kommt, wenn eine Eisklammer November und Dezember zusammenhält und sein Herz frostet, schläft er ein über seinen Qualen. Er flieht in den Schlaf, flieht zurück ins Erwachen, flieht bleibend und reisend, geht durch die Verlassenheit kleiner Städte und kann keine Türklinke mehr niederdrücken, keinen Gruß mehr entbieten, weil er nicht angesehen und angesprochen werden will. Er möchte sich wie eine Zwiebel, wie eine Wurzel unter die Erde verkriechen, wo sie warm geblieben ist. Überwintern mit seinen Gedanken und Gefühlen. Mit einem schrumpfenden Mund schweigen. Er wünscht, daß alle Äußerungen, Beleidigungen, Verheißungen, die er ausgesprochen hat, ungültig würden, vergessen bei allen und er vergessen bei allen.

Aber kaum ist er befestigt in der Stille, kaum wähnt er sich eingepuppt, behält er nicht mehr recht. Ein naßkalter Wind treibt seine Erwartungslosigkeit um die Ecke, über einen Blumenstand mit Sterbeblumen und Wintergrün. Und plötzlich hält er die Schneeglocken in der Hand, die er nicht kaufen wollte – er, der mit leeren Händen gehen wollte! Die Schneeglöckchen beginnen wild und lautlos zu läuten, und er geht hin, wo ihn sein Verderben erwartet. Voller Erwartung und wie noch nie, mit der Erwartung und dem Erlösungswunsch aus allen Jahren.

Erst jetzt, nachdem er sich ruhig und glücklich gepriesen hat, nachdem er alle glaublichen Erfahrungen gemacht hat, kommt die unglaubliche Liebe. Mit Todesriten und den kultischen Schmerzen, die jeden Tag anders verlaufen.

Von dieser Stunde an, noch eh die Blumen ihre Empfängerin kennenlernten, war er nicht mehr Herr seiner selbst, sondern ausgeliefert, verdammt, und sein Fleisch zog ihn mit sich in die Hölle. Er ging acht Tage lang und, nach dem ersten Bruch und Rettungsversuch, nochmals acht Tage lang in die Hölle. Sympathie, Wohltaten, Wohlgefallen hatten keinen Raum. Sie war nicht eine Frau, die so oder so aussah und so oder so war; ihren Namen konnte er nicht aussprechen, weil sie keinen hatte, wie das Glück selbst, von dem er geschleift wurde ohne Rücksicht. Er war in einem Zustand des Außersichseins, in dem der Geschmack eines Mundes nicht mehr wahrgenommen wird, in dem keine Geste Zeit läßt, eine andere auszudenken, in dem Liebe zur Revanche wird für alles, was auf Erden erträglich ist. Die Liebe war unerträglich. Sie erwartete nichts, forderte nichts und schenkte nichts. Sie ließ sich nicht einfrieden, hegen und mit Gefühlen bepflanzen, sondern trat über die Grenzen und machte alle Gefühle nieder.

Er war noch nie ohne Gefühl gewesen, ohne Komplikation, und nun war er zum erstenmal leer, ausgewrungen, und spürte nur mehr mit tiefer Befriedigung, wie eine Welle ihn in kurzen Abständen gegen einen Felsen hob und hinschlug und wieder zurücknahm.

Er liebte. Er war von allem frei, aller Eigenschaften, Gedanken und Ziele beraubt in dieser Katastrophe, in der nichts gut und schlecht oder recht und unrecht war, und er war sicher, daß es keinen Weg weiter oder heraus gab, den man als Weg hätte bezeichnen können. Während anderswo allerorten die anderen eine Arbeit taten, um Werke bekümmert waren, liebte er vollkommen. Es nahm mehr Kraft in Anspruch, als zu arbeiten und zu leben. Die Augenblicke glühten, die Zeit wurde zur schwarzen Brandspur dahinter, und er, von Augenblick zu Augenblick, trat immer lebendiger hervor als ein Wesen von reiner Bestimmung, in dem nur ein einziges Element herrschte.

Er packte seine Koffer, weil er instinktiv begriff, daß auch die erste Stunde Liebe schon zuviel gewesen war, und suchte mit der letzten Kraft seine Zuflucht im Abreisen. Er schrieb drei Briefe. In dem ersten beschuldigte er sich selbst der Schwäche, im zweiten seine Geliebte, im dritten verzichtete er darauf, nach einer Schuld zu suchen, und hinterließ seine Adresse. »Schreib mir bitte postlagernd nach Neapel, nach Brindisi, nach Athen, Konstantinopel . . .«

Er kam aber nicht weit. Ihm ging auf, daß mit der Abreise alles zusammenbrach, er hatte nur mehr wenig Geld, das letzte schon ausgegeben, um die Wohnung vorauszubezahlen, um sie halten zu können, einen Ort trotz allem halten zu können. Er lungerte im Hafen von Brindisi herum, verhandelte seine Habe bis auf zwei Anzüge und suchte nach Schwarzarbeit. Aber er taugte wohl nicht zu solchen Arbeiten und zu diesen Gefährlichkeiten, in die er jetzt hineingeraten konnte. Er wußte nicht mehr weiter, schlief zwei Nächte im Freien, fing an, die Polizei zu fürchten, den Schmutz zu fürchten, das Elend, den Untergang. Ja, er würde untergehen. Dann schrieb er einen vierten Brief: »Ich habe jetzt noch zwei Anzüge, die gebügelt werden müßten, meine zwei Pfeifen und das Feuerzeug, das du mir geschenkt hast. Es ist kein Benzin mehr drin. Wenn du mich aber vor dem Sommer nicht sehen willst, dich nicht von N. trennen kannst vor dem Sommer . . .«

Vor dem Sommer!

»Und wenn du dann noch immer nicht weißt, mit wem und warum und wozu, mein Gott . . . Aber wenn du es wüßtest, dann wüßte ich es vielleicht nicht, und es wäre mir noch erbärmlicher zumute. Ich kann in keinem Weg mehr einen Weg sehen. Wir hätten es nicht überleben sollen.«

Vor dem Sommer! Dann würde er dieses Jahr abgebüßt haben, und alles, was er später aus dem Stoff von dreißig Jahren bereiten konnte, versprach ihm, gewöhnlich zu werden. Oh, müssen wir wirklich alt, häßlich, faltig und schwachsinnig, beschränkt oder verstehend werden, damit unser Los sich erfüllt? Nichts gegen die Alten, sagte er zu sich, es ist ja bald auch so weit für mich, und ich fühle schon den Schauder, mit dem alle meine Jahre über mich kommen werden. Bald. Noch aber stehe ich dagegen, noch will ich's nicht glauben, daß dieses Licht erlöschen kann, Jugend, dies ewiglich scheinende Licht. Als es aber immer kurzatmiger und hungrig zu flackern begann, und da alle Versuche, Arbeit zu finden oder weiterzukommen mit einem Schiff – all diese unsinnigen Unterfangen, die einem jüngeren Menschen oder einem Irren besser angestanden wären –, fehlgeschlagen waren, schrieb er nach Hause. Er schrieb beinahe die Wahrheit und bat seinen Vater zum ersten Mal um Hilfe. Ihm war elend zumute, denn er war dreißig Jahre alt, und früher hatte er es immer verstanden, sich durchzuschlagen. Nie war er so kraftlos und hilflos gewesen. Er bekannte seinen Zusammenbruch ein und bat um Geld. Er sollte nie schneller Geld erhalten. Er hatte sich noch nicht von der raschen Rettung erholt, da war er schon auf der Rückreise. Er ging über Venedig.

Dort kam er spätabends vor dem Markusplatz an, steuerte auf ihn zu. Die Bühne war leer. Die Zuschauer waren von den Sitzen geschwemmt. Das Meer hatte den Himmel überstiegen, die Lagunen waren voll von Geflacker, da die Leuchter und Laternen ihr Licht nach unten ins Wasser geworfen hatten.

Licht, lichtes Leuchten, fern vom Gelichter. Er geisterte durch. Von Anfang an hatte es ihn getrieben, Schutz in der Schönheit zu suchen, im Anschauen, und wenn er darin ruhte, sagte er sich: Wie schön! Das ist schön, schön, es ist schön. Laß es immer so schön sein und mich meinetwegen verderben für das Schöne und was ich meine damit, für Schönheit, für dieses »Mehr als ...«, für dieses Gelungensein. Ich wüßte kein Paradies, in das ich, nach dem, was war, hinein möchte. Aber da ist mein Paradies, wo das Schöne ist.

Ich verspreche, mich damit nicht aufzuhalten, denn die Schönheit ist anrüchig, kein Schutz mehr, und die Schmerzen verlaufen schon wieder anders.

Früher hatte er nie gewußt, wie man reist. Er stieg in die Züge mit Herzklopfen und wenig Geld. In den Städten kam er immer nachts an, wenn Ströme von umsichtigen Fremden längst alle Hotelzimmer an sich gerissen hatten und seine Freunde schon schliefen. Einmal ging er die ganze Nacht spazieren, weil er kein Bett fand. Auf den Schiffen fuhr er mit noch größerem Herzklopfen und in den Flugzeugen hielt er vor Entzücken den Atem an. Diesmal aber hatte er den Fahrplan gelesen, sein neues Gepäck gezählt, einen Träger genommen. Er hatte einen reservierten Platz und Reiselektüre. Er wußte, wo er umsteigen wollte, und das Geld ging ihm nicht schon auf dem Bahnsteig aus, nachdem er einen Kaffee getrunken hatte. Er reiste wie ein Mensch von Distinktion und so ruhig, daß keiner ihm sein Vorhaben ansah. Er hatte vor, das Wanderleben zu beenden. Er wollte umkehren. Er fuhr in die Stadt zurück, die er am meisten geliebt hatte und in der er Steuern hatte zahlen müssen, auch Lehrgeld, Studiengeld und sonst noch einiges. Er fuhr nach Wien – mit dem Wort »heim« hielt er trotzdem an sich.

Er legte sich im Abteil nieder, den Kopf auf seinem zusammengerollten Mantel, und dachte nach. Auf diesem Lager würde er durch Europa rollen, aufschrecken aus Träumen, frieren, wenn er den vertrauten Gebirgen nah kam, dösen, sich peinlich erinnern. Er wollte an den Ausgangspunkt zurückkehren, denn er hatte von dem, was man die Welt nennt, genug gesehen.

Er quartierte sich in einem kleinen Hotel in der Inneren Stadt ein, in der Nähe der Post. Nie hatte

er in Wien in einem Hotel gewohnt. Er war hier
Untermieter gewesen, ohne und mit Badbenüt-
zung, ohne und mit Telefonbenützung. Bei Verwandten, bei einer alleinstehenden Krankenschwester, die seinen Tabakgeruch schlecht ver-
trug, bei einer Generalswitwe, für deren Katzen
und Kakteen er, wenn sie zur Kur fuhr, hatte sorgen müssen.

Zwei Tage lang war er so unschlüssig, daß er
es nicht wagte, jemand anzurufen. Niemand
erwartete ihn; einigen Leuten hatte er zu lange
nicht geschrieben, andere wieder hatten auf seine Briefe nie Antwort gegeben. Er fühlte plötzlich, daß seine Rückkehr eine Unmöglichkeit
war aus vielen Gründen. Genausowenig hätte
ein Toter wiederkommen dürfen. Es ist niemand
erlaubt, fortzusetzen, wo man abgebrochen hat.
Da ist niemand, sagte er sich, niemand, der noch
auf mich zählt. Er ging essen, in ein Restaurant, in das er sich früher nie hineingewagt hätte, las die Speisekarte geläufiger als anderswo,
er meinte gerührt zu sein über jede seltsame,
lang vermißte Bezeichnung, aber er war es nicht.
Er erkannte die alten vermißten Glocken beim
Mittagsläuten. In ihm blieb es totenstill. Er traf
zufällig Bekannte am Graben, traf mehr Bekannte, und, von den bedeutungsvollen Zufällen er-
muntert, schloß er sich allen übereifrig und verlegen an. Er fing unsicher zu erzählen an von

seinem Leben, das er anderswo geführt hatte, und brach gleich wieder ab, weil ihm klar wurde, daß sein Leben anderswo allen als ein Verrat galt, über den es besser war, Schweigen zu bewahren.

Er kaufte sich einen Stadtplan in einer Buchhandlung, für die Stadt, in der er jeden Geruch kannte und über die er nichts Wissenswertes wußte. Er schlug das Buch auf, setzte sich damit auf eine regennasse Bank im Stadtpark, fürchtete anzufrieren und ging dann, den Sternchen nach, zu dem großen Palast mit der Rüstungssammlung und in das Kunsthistorische Museum, zur Gloriette und zu den Kirchen mit den Barockengeln. Am Abend fuhr er bei Sonnenuntergang auf den Kahlenberg und schaute auf die Stadt hinunter, von einem empfohlenen Punkt aus. Er hielt sich die Hand vor die Augen und dachte: Das alles ist nicht möglich! Es ist nicht möglich, daß ich diese Stadt gekannt habe. So nicht.

Anderntags traf er sich mit Freunden. Er wußte überhaupt nicht, wovon sie redeten, aber alle Namen, die fielen, waren ihm bekannt, und selbst, wenn die Gesichter dazu sich nicht mehr einstellten – er kannte sie alle. Die Etiketten waren geblieben. Er nickte zu allem, was er hörte, bestätigend, es erschien ihm aber doch unwirklich, daß es das alles gab: neue Kinder einer alten Freundin, Berufswechsel, Korruption, Skandale, Premieren, Liebschaften, Geschäfte.

(Mein Vorhaben: Ankommen!)

Er trifft Moll wieder, den Wunderknaben, das Genie Moll, das zwanzigjährig alle geblendet hat, den reinen Geist Moll, der für ein Butterbrot seinerzeit seine vielbewunderten Studien über den Wertzerfall und die Kulturkrise einer christlichen Redaktion zur Verfügung gestellt hat. Moll ist ironisch geworden, bezieht die höchsten Honorare, eilt von Kongreß zu Kongreß, Moll, über den man sich lustig macht und der sich über sich selbst lustig macht, Moll, der jetzt bei Round-Table-Gesprächen vom einstigen Vermögen zehrt und die Welt keines neuen Einfalls für wert erachtet. Moll, der abends zum französischen Botschafter muß und am nächsten Tag den Beirat bei einer Konferenz abgibt, Moll, noch immer der Jüngsten einer, aalglatt, meinungslos Meinungen vertretend, Moll auf der Butterseite, Moll mit Verachtung für unsichere Existenzen, selbst der unsichersten eine ... Moll rät ihm: »Steig bei uns ein.« (Die Gaunersprache zur Perfektion gebracht!) Moll überlegen, Moll mit Sinn für alles und alle Leute, die er vor Jahren verachtet hat. Molls Händedruck, sparsam, aber fest. »Allora, bye bye. Mach's gut. Alsdann. Überleg es dir. Schreib, wenn du was brauchst.«

Er verabschiedet sich von Moll, den sparsamen Händedruck sparsam erwidernd, und geht in sein altes kleines Kaffeehaus. Der Ober stutzt, erkennt ihn, das liebenswürdig traurige Männlein. Und diesmal muß er nicht reden, nicht Hände schütteln, sich anstrengen; die Phrase bleibt ihm erspart, ein Lächeln genügt, sie lächeln einander töricht zu, zwei Männer, die vieles an sich haben vorbeigehen sehen, Jahre, Menschen, Glücke, Unglücke, und alles, was der alte Mann ausdrücken will – Freude, Erinnerung –, zeigt er ihm damit, daß er ihm genau die Zeitungen hinlegt, die er hier einst verlangt und gelesen hat.

Er muß nach dem Stapel von Zeitungen greifen, das ist er dem Alten schuldig; er ist es ihm gerne schuldig. Endlich ist er hier etwas freudig und ohne Widerstand schuldig.

Absichtslos beginnt er zu lesen, die Schlagzeilen, Lokales, Kulturelles, Vermischtes, den Sportbericht. Das Datum spielt keine Rolle, er hätte die Zeitung auch mit einer von vor fünf Jahren vertauschen können, er liest nur den Tonfall, die unverkennbare Schrift, die Anordnung, das Satzbild. Er weiß, wie nirgends, was links oben und rechts unten abgehandelt wird, was man hier in den Zeitungen für gut und was für schlecht hält. Nur hier und da hat sich unbeholfen eine neue Vokabel eingeschlichen.

Plötzlich steht ein Mann vor ihm, seines Alters, der ihn begrüßt; er müßte in kennen, aber es will ihm nicht einfallen, wer das ist – doch, es ist natürlich Moll, der da steht, und er muß Moll hastig und erfreut bitten, Platz zu nehmen an seinem Tisch. Moll, den schüchternen Bildungshungrigen, der einmal ergründen wollte, was der neue Stil sei, und der ihn nun gefunden hat. Moll, der also heute weiß, wie man wohnen, malen, schreiben, denken und komponieren muß. Endgültig, entschieden. Der einst tastende, suchende Moll, gespeist von den Erkenntnissen einer ihm vorangegangenen Generation, hat verdaut und käut das Verschlungene wieder. Molls System. Molls Unfehlbarkeit. Moll als Kunstrichter. Moll, der Unerbittliche, odi profanum vulgus, Moll, der die Sprache verloren hat und dafür mit zweitausend Pfauenfedern aus anderen Sprachen paradiert. Moll, der Romane nicht mehr lesen kann, Moll, für den das Gedicht keine Zukunft hat, Moll, der für die Kastration der Musik eintritt und der die Malerei der Leinwand entfremden will. Moll, schäumend, unbarmherzig, mißverstanden, verweisend auf die Größe von Guilielmus Apuliensis (ca. 1100)... Moll, der von allen Malern Erhard Schön für den erstaunlichsten hält. Moll wegweisend. Moll, der entrüstet schweigt, wenn von einem Gegenstand die Rede ist, der dem anderen bekannt ist, darbt als Hilfsbeamter, als Sammler obskurer Texte, als Übergangener. Moll, eifersüchtig darauf bedacht, daß man ihn verkennt und übergeht, rächt sich durch ätzende

Bitterkeit, strafende Blicke an jeder schönen Frau, an einem Sonntag, an einer Frucht, an einer Gunst. Moll, der Märtyrer. Moll verachtet natürlich ihn, Molls alten Freund, weil er jetzt auf die Uhr sieht und merkt, daß es Zeit ist zu gehen. Moll, der nach der inneren Uhr lebt, die sein strenger Geist aufzieht, seine Gerechtsamkeit tikken läßt . . .

So vergeht ein Tag mit Zusammenstößen, und er erleidet sie in einer Welt, in der für ihn alle Menschen zu Geistern geworden sind. Er ist schlecht gegen Geister gewappnet. Das zeigt auch der folgende Tag.

Er trifft Moll wieder, da die Welt eines jeden voll von den Molls ist. Aber an diesen Moll erinnert er sich kaum. Es ist der Weißt-du-noch-Moll. Es nützt ihm nichts, keine Ahnung zu haben, denn Moll erinnert sich um so besser an alles. Moll erinnert ihn daran, wie er, Molls Mitschüler, zum erstenmal betrunken war und nur mehr lallen konnte, wie er sich übergeben mußte, und Moll hat ihn damals nach Hause gebracht. Moll weiß noch den Tag, an dem er, Molls Freund, eine Riesendummheit gemacht hat, Moll, der die Negative seines Lebens in der Hand hat, seine Pleiten, seine Gewöhnlichkeiten getreu aufbewahrt hat. Moll, der Kumpan, Moll, der mit ihm achtzehnjährig beim Militär war, Moll, der in der Erinnerung wieder bei der »Wehrmacht« ist,

Moll, der eine Sprache führt, die ihm Übelkeit verursacht, weil sie ihn glauben machen soll, er habe einmal die gleiche Sprache geführt. Moll, der ihn herausgehauen hat, Moll, der Stärkere, ihn, den Schwächeren. Moll, der die Dinge beim Namen nennt, was-ist-denn-aus-der-blonden-Puppe-geworden? heiraten-das-fehlt-noch! Moll, der schmiert, der sich auskennt, der sich kein X für ein U vormachen läßt, der die Weiber nimmt, wie sie genommen werden wollen, und die Chefs, die ihn können, der die Brüder kennt und die Weiber kennt. Moll, für den alles Politik ist und dem die Politik gestohlen werden kann, Moll, die Laus im Pelz, Moll, demzufolge der Krieg noch nicht verloren ist, der nächste jedenfalls, für den die Italiener ein Diebsgesindel sind, die Franzosen verweichlicht, die Russen Untermenschen, und der weiß, wie die Engländer im Grunde sind und wie im Grund die Welt ist, ein Geschäft, ein Handel, ein Witz, eine Schweinerei. Moll: »Aber ich habe dich doch früher gekannt, mach mir nichts vor, mir kannst du nichts vormachen!«

Wie vermeidet man Moll? Welchen Sinn hat es, dieser Hydra Moll ein Haupt abzuschlagen, wenn ihr an Stelle eines jeden wieder zehn neue nachwachsen!

Wenn er sich auch nicht daran erinnert, Moll je ein Recht auf eine einzige dieser Erinnerungen eingeräumt zu haben, so weiß er doch, wie es in

Zukunft sein wird: Moll wird an allen Ecken und Enden auftauchen, immer wieder.

Abstand, oder ich morde! Haltet Abstand von mir!

Am Ende einer dieser Nächte, in denen die Wiederbegegnung über ihn und die anderen richteten, stand er mit drei Gestalten und einer jungen Frau, die er früher eine Zeitlang ohne Erfolg umworben hatte, vor einer Würstelbude. Er hatte zuvor mit Helene in einer Bar getanzt, seinen Mund auf ihrer Schulter bewegt. Er hatte sich nicht entschließen können, sie auf den Mund zu küssen, obwohl er sicher war, daß er es diesmal tun konnte. Trotzdem ging er mit ihr, nachdem sie sich von den anderen verabschiedet hatten, in ihre Wohnung und trank bei ihr Kaffee. Sie hatte eine Art, vage zu sprechen, die er sofort wieder annahm. Wahrscheinlich hatte er damals so mit ihr geredet, Zwischentöne gebraucht, Halbheiten geübt, Zweideutigkeiten, und nun konnte nichts mehr klar und gerade werden zwischen ihnen. Es war spät, das Zimmer war verraucht, ihr Parfum verflogen. Ehe er ging, nahm er sie, zögernd und ausgehöhlt vor Müdigkeit, in den Arm. Er war sehr höflich; er wandte sich auf dem Treppenabsatz um, winkte zurück, als fiele es ihm schwer zu gehen. Es war seine letzte Heuchelei, und er sah dabei in ihr Gesicht, das ihn, hart und welk werdend, verscheuchte. Draußen war der Tag angebrochen oder was sich für Tag ausgab: Frühe, Nebel. Er erreichte das Hotel, übernächtig und schlafscheu, und bettete sich wie ein Kranker, schluckte zwei Tabletten und gab sich endlich auf. Er erwachte erst, als es schon wieder Abend war, warm und mit einem flauen Geschmack im Mund, der vom zu langen Schlaf herrührte und in dem ihm alle Begegnungen in der Stadt zergingen. Er packte seine Koffer, warf Hemden, Bürsten, Schuhe durcheinander hinein, als eilte es ihm sehr und als käme es auf kein Ordnungmachen mehr an. Auf dem Bahnhof erst suchte er nach einem Zug, mit dem Zeigefinger auf der Abfahrtliste.

Er geriet in den ungünstigsten Zug, einen Eilzug, der an jeder Station hielt, und mußte dann die halbe Nacht auf einem Provinzbahnhof, dessen Wartesaal geschlossen war, auf und ab gehen in der Winternacht, mit den Füßen auf den Boden trampeln und in die Hände klatschen. Er hätte sich gerne auf einen Gepäckwagen gesetzt und wäre eingeschlafen für immer. Aber ihm war nicht kalt genug, er war nicht müde genug. Seine Verlassenheit reichte für ein solches Ende nicht aus. Auf der Weiterreise hörte er sich Geschichten eines Mitreisenden an, der ihm darlegte, wieviel Prozent aller Irren sich für Napoleon, wieviel für den letzten Kaiser, für Lindbergh, Hitler oder Gandhi hielten. Es erwachte Interesse in ihm, und er fragte, ob man sich denn ohne Schaden für sich selber halten könne und ob das nicht auch Irrsinn sei. Der Mann, ein Psychiater vermutlich, klopfte seine Pfeife aus, wechselte das Thema und erzählte von anderen Prozentsätzen und Therapien gegen diese und jene Prozente. Er stocherte mit dem Pfeifenputzer in seiner Nase und sagte: »Sie, zum Beispiel, Sie leiden an ... Sie machen sich zuviel daraus ... Daran leiden wir natürlich alle, es ist nichts Besonderes.«

Der nächste Zug trug ihn durch die schauervolle Nacht – die Räder sprangen in größeren Stationen auf andere Schienen und rollten voll Erbitterung, während er, eingeklemmt mit zehn Personen in einem Abteil, nach Luft rang, zur Seite sah, wenn die ältliche Frau neben ihm ihr Kind stillte, wenn ihr Mann, sein bleichsüchtiges Gegenüber, ausspuckte nach jedem Hustenanfall, und er wurde darüber fast verrückt, daß ein anderer Mann an der Tür schnarchte. Die Füße und Beine aller kamen durcheinander, jeder kämpfte um fünf Zentimeter Platz und versuchte, die anderen zu verdrängen. Plötzlich entdeckte er sich dabei, wie auch er mit seinem Ellenbogen sich ausbreitete, um die Frau mit dem Kind zurückzudrängen. Er war wieder mitten unter leibhaftigen Menschen, kämpfte zäh um seine Stellung, um seinen Platz, um sein Leben. Einmal schlief er kurz ein. Im Traum stürzte auf ihn die Stadt herab, mit der Karlskirche voran, mit ihren Palais und Parks und ganzen Straßenzügen; der Traum hatte wahrscheinlich nur eine Sekunde gedauert, denn er erwachte, tödlich erschreckt, von einem Schlag auf den Kopf. Er wußte sofort, ohne nachdenken zu müssen, daß der Zug mit einem anderen zusammengestoßen war. Ein Koffer war aus dem Netz gesprungen und hatte ihn getroffen. Er wußte auch sofort, daß der Zusammenstoß unerheblich war, denn es war nicht die Zeit, in der ihm etwas geschehen konnte. Keine frühe Vollendung. Kein früher Abgang. Keine herzbewegende Tragik. Nach ein paar Stunden konnte weitergefahren werden, alle waren erleichtert wie nach einer leichten Herzattacke. Niemand war verletzt, der Schaden gering. Er versuchte, sich an den Traum von der Stadt zu erinnern, den der Zusammenprall der Züge in ihm ausgelöst hatte oder der dem Ruck vorangegangen war, und es war ihm, als müßte er die Stadt nun nie wiedersehen, aber erinnern würde er sich von nun an für immer, wie sie war und wie er in ihr gelebt hatte.

Stadt ohne Gewähr!

Laßt mich nicht von irgendeiner Stadt reden, sondern von der einzigen, in der meine Ängste und Hoffnungen aus so vielen Jahren ins Netz gingen. Wie eine große, schlampige Fischerin sehe ich sie noch immer an dem großen gleichmütigen

Strom sitzen und ihre silbrige und verweste Beute einziehen. Silbrig die Angst, verwest die Hoffnung.

Beim Schwarzwasser der Donau und dem Kastanienhimmel über den schimmelgrünen Kuppeln:

Laßt mich etwas von ihrem Geist hervorkehren aus dem Staub und ihren Ungeist dem Staub überantworten! Dann mag der Wind kommen und ein Herz hinwegfegen, das hier stolz und beleidigt war!

Strandgutstadt!

Denn Länder wurden an sie geschwemmt und Güter aus anderen Ländern: Die Kreuzstichdecken der Slowaken und die pechigen Schnurrbärte der Montenegriner, die Eierkörbe der Bulgaren und ein aufsässiger Akzent aus Ungarn.

Türkenmondstadt! Barrikadenstadt!

Soviel zerbröckelter Stein, soviele hohle Wände sind da, daß man es flüstern hört von langher, von weither.

O alle die Nächte, die aufkamen in Wien, soviel bittere Nächte! Und alle die Tage, die es dir hinwarf mit dem Gesumm aus Schulhäusern und Irrenanstalten, Altersheimen und Krankenzimmern, wenig gelüftet und selten geweißt, alle die Tage, von ganz schüchternen Kastanienblüten umschwärmt! O alle die Fenster, die nie aufgingen, alle die Tore, als ging's durch kein Tor hinaus, als gäb es den Himmel nicht!

Endstadt! als gäb es kein Gleis hinaus!

Höfrätliches und Abgetretenes in Kanzleien. Nie ein hartes Wort in den Vorzimmern, immer ein kränkendes. (Hinhalten, nicht abweisen.)

Es ist die Frage, ob man lieben muß, was man nicht lieben mag, aber die Stadt ist schön und ein umständlicher Dichter stieg auf den Turm von St. Stephan und huldigte ihr.

Alles ist eine Frage des Nachgebens, des Beipflichtens. Aber einige tranken den Schierlingsbecher unbedingt.

Die üble Nachrede ist mit dem weichen Herz im Vertrag. Aber einige hatten ein Herz mit einem wilden flachsigen Muskel und eine Rede, die in Rom gegolten hätte. Sie waren feindselig, verhaßt und einsam. Sie dachten genau, hielten sich rein und ließen die Quallen unter sich.

Einige hatten Worte zur Verfügung, die sie wie Leuchtkäfer in die anbrechende Nacht schickten und über die Grenzen. Und einer hatte eine Stirn, die blau und tragisch erglühte zwischen den Gezeiten aus Sprachlosigkeit.

Scheiterhaufenstadt, in der die herrlichsten Musiken ins Feuer geworfen wurden, in der bespien und geschmäht wurde, was von den aufrechten Ketzern kam, den ungeduldigen Selbstmördern, den gründlichen Entdeckern, und alles, was von dem geradesten Geist war.

Schweigestadt! Stumme Inquisitorin mit dem unverbindlichen Lächeln.

– – – aber das Schluchzen aus lockeren Pflastersteinen, wenn einer darübertorkelt, jung, geschunden vom Schweigen, ermordet vom Lächeln. Wohin mit dem aufkommenden Schrei aus einer Tragödie?!

Komödiantenstadt! Stadt der frivolen Engel und einer Handvoll versatzamtreifer Dämonen.

Schüchterne Stadt im Zwiegespräch, schüchterner Keim in einem Gespräch von morgen.

Stadt der Witzmacher, der Speichellecker, der Spießgesellen. (Für eine Pointe wird eine Wahrheit geopfert, und gut gesagt ist halb gelogen.)

Peststadt mit dem Todesgeruch!

Beim Schwarzwasser der Donau und dem schmutzigen Öl in der Weite:

Laßt mich an den Glanz eines Tages denken, den ich auch gesehen habe, grün und weiß und nüchtern,

nach gefallenem Regen,

als die Stadt gewaschen war und gereinigt,

als sternförmig die Straßen von ihrem Kern,

ihrem starken Herz, ausliefen, gereinigt,

als die Kinder in allen Stockwerken eine neue Etüde zu üben anfingen,

als die Straßenbahnen vom Zentralfriedhof wiederkamen mit allen Kränzen und Asternsträußen vom vergangenen Jahr,

weil Auferstehung war,
vom Tod,
vom Vergessen!

Über das Ende der Reise schwieg er. Er hatte
sie nicht beenden, sondern verschwinden wollen am Ende, spurlos, unauffindbar. Er hatte
endlich die Mittel gefunden, sich im Geheimen
einen Auftrag geben zu lassen, der ihn nach Indonesien geführt hätte. In Indonesien brach der
Krieg aus, als er die Flugkarten lösen wollte.
Der Auftrag wurde hinfällig, und um einen anderen – um in ein anderes fernes Land zu kommen – mochte er sich nicht mehr bemühen; er
nahm es als ein Zeichen, daß er nicht gehen sollte.
Er blieb in Rom. Gedacht hatte er es sich so:
Weggehen mit ihr, deren Namen er nie auszu-
sprechen wagte. Fliehen mit ihr, nie mehr zu-
rückkommen nach Europa, einfach leben mit ihr,
wo Sonne war, Früchte waren, mit ihrem Körper
leben, in keinem anderen Zusammenhang mehr
und fern von allem, was bisher gewesen war. In
ihrem Haar leben, in ihrem Mundwinkel, in ihrem Schoß.
Er hat immer das Absolute geliebt und den
Aufbruch dahin, und »sie« war nun der erste
Mensch, der ihm, in bezug auf einen anderen
Menschen, den Wunsch eingab, aufzubrechen
und ihn mitzunehmen dahin. In allen Augenblik-

ken, wo dieses Äußerste ihm vorschwebte, wo es zum Greifen nah war, ist er ein Raub des Fiebers geworden, hat die Sprache verloren, sich verzehrt danach, die Sprache dafür zu finden. Er hat sich verzehrt danach, einen Schritt dahin tun zu können, wo dies Äußerste für ihn war, und wollte handeln danach, ohne Rücksicht.

Aber immer ist dann einer auf ihn zugetreten, hat ihm einen Brief überbracht, der ihn an eine früher eingegangene Verpflichtung mahnte, an einen Erkrankten, einen Angehörigen, einen Durchreisenden oder an einen Termin für eine Arbeit. Oder es hat sich einer in dem Moment, als er alle Fesseln abwerfen wollte, an ihn gehängt wie ein Ertrinkender.

»Laß mich in Frieden. Laß mich doch in Ruh!« hat er dann gesagt und ist ans Fenster getreten, als gäbe es draußen etwas Besonderes zu sehen.

»Aber wir müssen noch heute Klarheit haben. Wer hat damals angefangen? Wer hat zuerst gesagt ...?«

»Ich weiß nicht, was ich alles gesagt habe. Laß mich endlich in Ruh!«

»Und warum bist du so spät nach Hause gekommen, warum bist du so leise zur Tür herein? Hast du nicht etwas verbergen wollen? Oder gar dich!?«

»Ich habe nichts verbergen wollen. Laß mich!«

»Siehst du nicht, daß ich draufgehe, daß ich weine?«

»Gut, du weinst, du gehst drauf. Warum eigentlich?«

»Du bist fürchterlich und du weißt nicht, was du redest.«

Nein, das weiß er nicht. Er hat so oft um Frieden gebeten, aber sehr oft auch, ohne zu wissen warum, nur um sich endlich hinlegen zu können, um endlich das Licht löschen zu können, die Augen im Dunkeln in jene Ferne richten zu können, von der man ihn abbrachte.

Laßt mich in Frieden, so laßt mich doch einmal in Frieden! Er will wenigstens darüber nachdenken dürfen, warum er es aufgegeben hat, zu verschwinden, sich unsichtbar zu machen. Er wird sich nicht klar darüber. Aber es wird sich zeigen.

Wie alle Geschöpfe kommt er zu keinem Ergebnis. Er möchte nicht leben wie irgendeiner und nicht wie ein Besonderer. Er möchte mit der Zeit gehen und gegen sie stehen. Es lockt ihn, eine alte Bequemlichkeit zu loben, eine alte Schönheit, ein Pergament, eine Säule zu verteidigen. Aber es lockt ihn auch, die heutigen Dinge gegen die alten auszuspielen, einen Reaktor, eine Turbine, ein künstliches Material. Er möchte die Fronten und er möchte sie nicht. Er neigt dazu, Schwäche, Ir-

rung und Dummheit zu verstehen, und er möchte
sie bekämpfen, anprangern. Er duldet und duldet
nicht. Haßt und haßt nicht. Kann nicht dulden
und kann nicht hassen.

Auch das ist ein Grund zu verschwinden.

In seinem Tagebuch aus diesem Jahr stehen die
Sätze:

»Ich liebe die Freiheit, die doch in allem Fest-
stehenden zu Ende geht, und wünsche mir
schwarze Erden und Katastrophen aus Licht.
Aber auch dort ginge sie zu Ende, ich weiß.«

»Da es keine natürliche Untersagung und keinen natürlichen Auftrag gibt, also nicht nur erlaubt ist, was gefällt, sondern auch, was nicht gefällt (und wer weiß schon, was gefällt!), sind
unzählige Gesetzgebungen und Moralsysteme
möglich. Warum beschränken wir uns auf ein
paar vermischte Systeme, deren noch keiner froh
geworden ist?«

»Im Moralhaushalt der Menschheit, der bald
ökonomisch, bald unökonomisch geführt wird,
herrschen immer Pietät und Anarchie zugleich.
Die Tabus liegen unaufgeräumt herum wie die
Enthüllungen.«

»Warum nur einige wenige Systeme zur Herr-
schaft gelangten? Weil wir so zäh festhalten an
Gewohnheiten, aus Furcht vor einem Denken
ohne Verbotstafeln und Gebotstafeln, aus Furcht
vor der Freiheit. Die Menschen lieben die Freiheit

nicht. Wo immer sie aufgekommen ist, haben sie sich verworfen mit ihr.«

»Ich liebe die Freiheit, die auch ich tausendmal verraten muß. Diese unwürdige Welt ist das Ergebnis eines ununterbrochenen Verwerfens der Freiheit.«

»Freiheit, die ich meine: die Erlaubnis, da Gott die Welt in nichts bestimmt hat und zu ihrem Wie nichts getan hat, sie noch einmal neu zu begründen und neu zu ordnen. Die Erlaubnis, alle Formen aufzulösen, die moralischen zuerst, damit sich alle anderen auflösen können. Die Vernichtung jedes Glaubens, jeder Art von Glauben, um die Gründe aller Kämpfe zu vernichten. Der Verzicht auf jede überkommene Anschauung und jeden überkommenen Zustand: auf die Staaten, die Kirchen, die Organisationen, die Machtmittel, das Geld, die Waffen, die Erziehung.«

»Der große Streik: der augenblickliche Stillstand der alten Welt. Die Niederlegung der Arbeit und des Denkens für diese alte Welt. Die Kündigung der Geschichte, nicht zugunsten der Anarchie, sondern zugunsten einer Neugründung.«

»Vorurteile – die Rassenvorurteile, Klassenvorurteile, religiösen Vorurteile und alle andern – bleiben ein Schimpf, selbst wenn sie durch Belehrung und Einsicht schwinden. Die Abschaffung von Unrecht, von Unterdrückung, jede Milderung von Härten, jede Verbesserung eines Zustandes hält doch noch die Schimpflichkeit von einst fest. Die Schändlichkeit, durch das Fortbestehen der Worte festgehalten, wird dadurch jederzeit wieder möglich gemacht.«

»Keine neue Welt ohne neue Sprache.«

Darüber ist es Frühling geworden. Eine Sonnenlache schwimmt in seinem Zimmer. Auf dem kleinen Platz vor dem Haus jubeln die Kinder, die Autohupen, die Vögel. Er muß sich zwingen, an dem Brief weiterzuschreiben. »Sehr geehrte Herren . . .« Er schreibt den Herren nicht, was die Wahrheit ist: daß er aus Gleichgültigkeit, Erschöpfung und weil er nichts mehr besseres weiß, zu Kreuz kriechen will. Ach, was heißt schon »zu Kreuz kriechen«! Nur keine großen Worte mehr! »Auf Ihr freundliches Angebot zurückkommend . . .« Ist es etwa nicht ein freundliches Angebot? Es wird angemessen sein, und es gibt wirklich keinen Grund, sich zu gut dafür vorzukommen. »Am 1. des Monats, wie Sie es wünschen, werde ich Ihnen zur Verfügung stehen. Ich hoffe . . .«

Er hofft gar nichts. Er überlegt gar nichts. Mit dem künftigen Ort und der künftigen Arbeit sich zu befassen, wird noch genug Zeit sein. Er ist mit allen Bedingungen einverstanden und stellt selbst keine. Er klebt den Brief rasch und ohne Zögern zu und gibt ihn auf. Er packt seine Siebensachen, die paar Bücher, Aschenbecher, das bißchen Geschirr, läßt den Hausverwalter kommen, spricht mit ihm das Inventar durch und verläßt die Wohnung, in der er nicht heimisch geworden ist. Er hat aber noch Zeit bis zu diesem 1. des Monats und macht darum eine umständliche Anreise, langsam und genießerisch, durch die italienischen Provinzen. In Genua kommt ihn die Lust an, wieder einmal zu wandern wie in seiner Jugend, wie nach der Zeit der Gefangenschaft, als er den Weg aus dem Krieg zurück, in den er mit einem Schnellzug gefahren war, zu Fuß gesucht hatte. Er schickt seine Koffer voraus und geht übers Land, zwischen den erwachenden Reisfeldern, gegen Norden. Und weil er todmüde ist am zweiten Abend von der ungewohnten Anstrengung, tut er, was er auch schon lange nicht mehr getan hat. Er stellt sich an den Straßenrand der Autostraße nach Mailand und versucht, einen Wagen anzuhalten. Es dunkelt, aber niemand will ihn mitnehmen, bis er, schon ohne Hoffnung, noch einmal einem Auto von weitem winkt. Und dieser Wagen hält an, leise, fast lautlos. Er bringt dem Mann am Steuer, der allein ist, verlegen seinen Wunsch vor, fühlt sich schmutzig wie ein Stromer und setzt sich, deswegen eingeschüchtert, neben ihn. Er sitzt lange schweigsam und sieht manchmal den Mann verstohlen von der Seite an. Er mußte sein Alter haben. Das Gesicht gefällt ihm, die Hände gefallen ihm, die locker auf dem Lenkrad liegen. Sein Blick geht weiter und bleibt auf dem Tachometer liegen, wo die Nadel rasch aufrückt, von 100 auf 120 und dann auf 140. Er wagt nicht zu sagen, daß er lieber langsamer fahren möchte, daß er plötzlich Furcht hat vor jeder Geschwindigkeit. Er hat es nicht eilig, in ein geordnetes Leben zu kommen.

Der junge Mann sagt plötzlich: »Ich nehme sonst nie jemand mit.« Und dann, als wollte er sich entschuldigen für sein Fahren: »Ich muß noch vor Mitternacht im Zentrum sein.«

Er sieht wieder den Mann an, der unverwandt nach vorn blickt, wo die Scheinwerfer das schwarze Knäuel aus Wald, Masten, Mauern und Büschen entwirren. Er fühlt sich jetzt ruhiger und seltsam wohl, aber sprechen möchte er gerne und die hellen Augen des Mannes wieder auf sich gerichtet fühlen, die ihn nur kurz gestreift haben.

Ja, hell mußten sie sein, er wollte es so, und er wollte sprechen und den Mann zum Beispiel fragen, ob dieses Jahr auch für ihn so schwer sei und was zu tun sei, was man zu halten habe von allem. In sich begann er dieses Gespräch mit dem Mann zu führen, während sie auf den niedrigen Vordersitzen, wie zwei Schüler, zusammengetan für eine Lektion, durch die Nacht getragen wurden, eine große Nacht, in der alle Gegenstände groß und fremd erschienen.

Vor ihnen tauchte ein Lastwagen auf, sie näherten sich ihm schnell, bogen aus, aber als sie auf gleicher Höhe mit ihm waren, bog auch der Lastwagen aus, um in einen Seitenweg abzuschwenken.

Sie flogen wenige Meter vor und gegen eine Mauer.

Als er wieder zu sich kam, merkte er, daß er aufgehoben wurde, er verlor sofort wieder das Bewußtsein, spürte manchmal leichte Erschütterungen, ahnte für Augenblicke, was mit ihm geschah: er mußte in einem Krankenhaus sein, auf einem fahrbaren Bett, man gab ihm eine Spritze, redete über ihn hinweg. In seinem Kopf lichtete es sich erst, als er im Operationssaal war. Vorbereitungen waren im Gang, zwei Ärzte in Masken machten sich an einem Tisch zu schaffen, eine Ärztin näherte sich ihm, griff nach seinem Arm, rieb darauf herum, es kitzelte ein wenig, war angenehm. Plötzlich fiel ihm ein, daß es ja ernst war, und er dachte ganz still, er würde nicht mehr aufwachen, wenn sie ihn in diesen Schlaf versenkten. Er wollte etwas sagen, suchte mit der Zunge nach seiner Stimme und war glücklich, als er die paar Worte geläufig hervorbrachte. Er bat um ein Blatt Papier und einen Bleistift. Eine Schwester brachte ihm beides, und er hielt nun, während die Narkose ganz langsam zu wirken anfing, den Bleistift, setzte ihn an auf dem Papier, das die

Schwester ihm auf einer Unterlage hinhielt. Er strichelte vorsichtig: »Liebe Eltern ...« Dann durchkreuzte er die zwei Worte rasch und schrieb: »Liebste ...« Er hielt inne und dachte angestrengt nach. Er gab, indem er es zerknüllte, das Papier der Schwester zurück und schüttelte den Kopf, um ihr zu bedeuten, daß es keinen Sinn habe. Wenn er nicht mehr erwachen sollte, konnten auch solche Briefe keinen Sinn mehr haben. Er lag mit schweren Lidern da und wartete, wunderbar erschlafft, die Bewußtlosigkeit ab.

Dieses Jahr hat ihm die Knochen zerbrochen. Er liegt mit ein paar kunstvollen blau-rot unterlaufenen Narben in der Klinik und zählt die Tage nicht, bis ihm der Gipspanzer abgenommen werden soll, unter dem er zu heilen verspricht. Der Unbekannte – das hat er nun erfahren – war auf der Stelle tot gewesen. Er denkt manchmal an ihn und starrt an die Zimmerdecke. Er denkt an ihn wie an einen, der an seiner Statt gestorben ist, und er sieht ihn vor sich, mit dieser hellen Spannung im Gesicht, den jungen festen Händen am Steuer, sieht ihn auf die Mitte des Dunkels in der Welt zurasen und dort in Flammen aufgehen.

Es ist Mai geworden. Die Blumen in seinem Zimmer werden täglich durch frische und farbigere ersetzt. Die Rolläden sind mittags für Stunden heruntergelassen, und der Duft in dem Zimmer wird bewahrt.

Könnte er jetzt sein Gesicht sehen, so wäre es das eines jungen Menschen, und er würde auch nicht daran zweifeln, daß er jung ist. Denn uralt hat er sich nur gefühlt, als er sehr viel jünger gewesen war, seinen Kopf hängen ließ und die Schultern einzog, weil ihn seine Gedanken und sein Körper zu sehr beunruhigten. Als er sehr jung gewesen war, hatte er sich einen frühen Tod gewünscht, hatte nicht einmal dreißig Jahre alt werden wollen. Aber jetzt wünschte er sich das Leben. Damals hatten in seinem Kopf nur die Interpunktionszeichen für die Welt geschaukelt, aber jetzt kamen ihm die ersten Sätze zu, in denen die Welt auftrat. Damals hatte er gemeint, alles schon zu Ende denken zu können, und hatte kaum gemerkt, daß er ja erst die ersten Schritte in eine Wirklichkeit tat, die sich nicht gleich zu Ende denken ließ und die ihm noch vieles vorenthielt.

Lange hatte er auch nicht gewußt, was er glauben sollte und ob es nicht überhaupt schmählich war, etwas zu glauben. Jetzt begann er sich selbst zu glauben, wenn er etwas tat oder sich äußerte. Er faßte Vertrauen zu sich. Den Dingen, die er sich nicht beweisen mußte, den Poren auf seiner Haut, dem Salzgeschmack des Meeres, der fruchtigen Luft und einfach allem, was nicht allgemein war, vertraute er auch.

Als er kurz vor seiner Entlassung aus der Klinik zum erstenmal in einen Spiegel sah, weil er sich die Haare selber kämmen wollte, und sich, wohlbekannt und zugleich ein wenig durchsichtiger, vor dem Kissenberg im Rücken aufgerichtet erblickte, entdeckte er inmitten der verklebten braunen Haare ein glänzendes weißes Etwas. Er befühlte es, rückte mit dem Spiegel näher: ein weißes Haar! Sein Herz schlug im Hals.

Er blickte das Haar töricht und unverwandt an.

Am Tag darauf nahm er wieder den Spiegel vor, fürchtete, mehr weiße Haare zu finden, aber da lag wieder nur das eine, und dabei blieb es.

Endlich sagte er sich: Ich lebe ja, und mein Wunsch ist es, noch lange zu leben. Das weiße Haar, dieser helle Beweis eines Schmerzes und eines ersten Alters, wie hat es mich nur so erschrecken können? Es soll stehenbleiben, und wenn es nach ein paar Tagen ausgefallen ist und so rasch kein anderes mehr erscheint, werde ich doch einen Vorgeschmack behalten und nie mehr Furcht empfinden vor dem Prozeß, der mir leibhaftig gemacht wird.

Ich lebe ja!

Er wird bald geheilt sein.

Er wird bald dreißig Jahre alt sein. Der Tag wird kommen, aber niemand wird an einen Gong schlagen und ihn künden. Nein, der Tag wird nicht kommen – er war schon da, enthalten in allen Tagen dieses Jahres, das er mit Mühe und zur Not bestanden hat. Er ist lebhaft mit dem Kommenden befaßt, denkt an Arbeit und wünscht sich, durch das Tor unten bald hinausgehen zu können, weg von den Verunglückten, den Hinfälligen und Moribunden.

Ich sage dir: Steh auf und geh! Es ist dir kein Knochen gebrochen.

# Die Autoren

INGEBORG BACHMANN: Geb. am 25. Juni 1926 in Klagenfurt, gest. am 17. Oktober 1973 in Rom, Lyrikerin, Erzählerin, Hörspielautorin, Essayistin.

›Das dreißigste Jahr‹ (1961) wurde mit freundlicher Genehmigung des R. Piper & Co. Verlags, München, aufgenommen. (Aus: I. B., ›Werke. Zweiter Band: Erzählungen‹, München 1978.)

HEINRICH BÖLL: Geb. am 21. Dezember 1917 in Köln, gest. am 16. Juli 1985 in Langenbroich/Eifel, erhielt 1972 den Nobelpreis für Literatur.

›Die Waage der Baleks‹ (1953) wurde mit freundlicher Genehmigung des Verlags Kiepenheuer & Witsch, Köln, aufgenommen. (Aus: H. B., ›Erzählungen‹, Köln 1994.)

MAX VON DER GRÜN: Geb. am 25. Mai 1926 in Bayreuth, absolvierte eine kaufmännische Lehre, war Soldat und drei Jahre in amerikanischer Kriegsgefangenschaft. Von 1948 bis 1951 im Baugewerbe, von 1951 bis 1964 im Bergbau tätig, lebt er seitdem als freier Schriftsteller in Dortmund.

›Masken‹ (1965) wurde dem Erzählungsband ›Fahrt in den Morgen‹ von Max von der Grün entnommen (alle Rechte beim Deutschen Taschenbuch Verlag GmbH & Co. KG, München 1994).

BINNIE KIRSHENBAUM lebt in New York und gibt Kurse für Kreatives Schreiben.

›Die Tortour‹ (1990) in der Übersetzung von Christine Groß wurde dem Band ›Ich liebe dich nicht und andere wahre Abenteuer‹ von Binnie Kirshenbaum entnommen (alle deutschsprachigen Rechte beim Deutschen Taschenbuch Verlag GmbH & Co. KG, München 1994).

SIEGFRIED LENZ: Geb. am 17. März 1926 in Lyck/Ostpreußen, lebt heute als freier Schriftsteller in Hamburg.

›Die Wellen des Balaton‹ (1973) wurde mit freundlicher Genehmigung des Hoffmann und Campe Verlags, Hamburg, aufgenommen. (Aus: S. L., ›Einstein überquert die Elbe bei Hamburg. Erzählungen‹, Hamburg 1975.)

DORIS LESSING: Geb. am 22. Oktober 1919 in Persien, wuchs in Rhodesien auf und ging 1949 nach England, wo sie heute noch lebt.

›Wein‹ (1957) wurde mit freundlicher Genehmigung der J. G. Cotta'schen Buchhandlung Nachfolger GmbH, gegr. 1659, Stuttgart, aufgenommen. (Aus: D. L., ›Die Frau auf dem Dach‹, Erzählungen Band 2. Deutsch von Adelheid Dormagen. © 1978 Doris Lessing. Klett-Cotta, Stuttgart 1982.)

UNNI LINDELL: Geb. 1957 in Oslo, lebt und arbeitet in der Kleinstadt Bødalen. Unni Lindell schreibt Kriminalgeschichten und Romane für Kinder und Jugendliche.

›Ich spüre noch den Duft der Rosen‹ in der Übersetzung von Gabriele Haefs wurde dem Sammelband ›Mord am Fjord. Skandinavische Crime Ladies‹ entnommen (alle Rechte beim Deutschen Taschenbuch Verlag GmbH & Co. KG, München 1994).

PENELOPE LIVELY wurde 1933 als Tochter eines englischen Bankangestellten in Kairo geboren und verbrachte dort ihre Kindheit. Seit 1945 lebt sie in England. Sie studierte in Oxford Geschichte. Neben zahlreichen Romanen und Kinderbüchern hat sie Artikel für Zeitungen und Zeitschriften sowie Radio- und TV-Skripts verfaßt.

›Die lange Nacht in Abu Simbel‹ (1984) in der Übersetzung von Isabella Nadolny wurde dem gleichnamigen Erzählungsband der Autorin entnommen (alle deutschsprachigen Rechte beim Deutschen Taschenbuch Verlag GmbH & Co. KG, München 1996).

TESSA DE LOO: Geb. am 15. Oktober 1946 in Bussum, finanzierte sich ihr Studium durch die Arbeit in einer Fabrik. 1983 erschien ihr erster Erzählungsband unter dem Titel ›Die Mädchen von der Süßwarenfabrik‹, der in den Niederlanden sofort ein großer Erfolg wurde. Seitdem hat sie mehrere Romane veröffentlicht.

›Rosa, mit bizarren Stückchen gelb dazwischen‹ in der Übersetzung von Rosemarie Still wurde dem Erzählungsband ›Die Mädchen von der Süßwarenfabrik‹ entnommen (alle deutschsprachigen Rechte beim Deutschen Taschenbuch Verlag GmbH & Co. KG, München 1994).

ISABELLA NADOLNY: Geb. am 26. Mai 1917 in München, ist heute vorwiegend als Übersetzerin tätig und lebt am Chiemsee.

›Aus der Tanzstunde‹ wurde mit freundlicher Genehmigung des Paul List Verlags in der Südwest Verlag GmbH & Co. KG, München, aufgenommen. (Aus: I. N., ›Durch fremde Fenster. Bilder und Begegnungen‹, München 1967 und 1987.)

CHRISTINE NÖSTLINGER: Geb. am 30. Oktober 1936 in Wien, lebt als freie Schriftstellerin abwechselnd in ihrer Geburtsstadt und im Waldviertel. Sie schreibt Kinder- und Jugendbücher und ist für Zeitungen, Rundfunk und Fernsehen tätig.

›Hab’ ich euch schon erzählt ...?‹ und ›Mit zwei Stichen...‹ wurden mit freundlicher Genehmigung des

Niederösterreichischen Pressehauses, St. Pölten, aufgenommen. (Aus: C. N., ›Mama mia!‹, St. Pölten und Wien
1995.)

HERBERT ROSENDORFER: Geb. am 19. Februar 1934 in Bo-
zen, lebt seit 1939 in München, wo er zunächst an der Aka-
demie der Bildenden Künste und später Jura studierte. Er
war Gerichtsassessor in Bayreuth, dann Staatsanwalt und ist
seit 1967 Richter in München, seit 1993 in Naumburg/
Saale.

›Die Frau seines Lebens‹ wurde mit freundlicher Genehmigung des Nymphenburger Verlags in der F. A. Herbig
Verlagsbuchhandlung GmbH, München, aufgenommen.
(Aus: H. R., ›Die Frau seines Lebens und andere Geschichten‹, München 1985.)

KETO VON WABERER, in Augsburg als Tochter einer Deutschen und eines Bolivianers geboren, verbrachte ihre Kindheit in Tirol, lebte viele Jahre in Mexiko und in den USA,
wohnt heute als freie Schriftstellerin in München. Sie studierte Kunst und Architektur und arbeitete als Architektin,
Übersetzerin und Journalistin.

›Zwingende Natur‹ und ›Das ‚scheue Wild'‹ wurden dem
Band ›Böse Menschen‹ von Keto von Waberer entnommen
(alle Rechte beim Deutschen Taschenbuch Verlag GmbH &
Co. KG, München 1993).

JOSEPH VON WESTPHALEN: Geb. am 26. Juni 1945 in
Schwandorf, studierte Germanistik und Kunstgeschichte
und lebt heute als freier Schriftsteller und Journalist in
München.

›Verschwinde!‹ (1987) wurde dem Band ›Das Leben ist
hart. Über das Saufen und weitere Nachdenklichkeiten zur
Erziehung der Menschheit‹ von Joseph von Westphalen

entnommen (alle Rechte beim Deutschen Taschenbuch Verlag GmbH & Co. KG, München 1995).

CHRISTA WOLF: Geb. am 18. März 1929 in Landsberg/Warthe, studierte Germanistik in Jena und Leipzig, arbeitete als Verlagslektorin und lebt heute als freie Schriftstellerin in Berlin.

›Santa Monica, Sonntag, den 27. September 1992‹ wurde mit freundlicher Genehmigung des Luchterhand Literaturverlags, München, aufgenommen. (Aus: C. W., ›Auf dem Weg nach Tabou. Texte 1990–1994‹, Köln 1994.)

# Spannung
und Abenteuer
im
dtv großdruck

**Zelda Popkin:
Rendezvous
nach Ladenschluß
Kriminalroman**

Daphne Du Maurier:
**Die Großherzogin**
Ein Märchen
dtv 25093

Marie Luise Kaschnitz:
**Der alte Garten**
Ein modernes Märchen
dtv 25075

Zelda Popkin:
**Rendezvous nach
Ladenschluß**
Kriminalroman
dtv 25090

Erich Kästner:
**Die verschwundene
Miniatur
oder auch
Die Abenteuer eines
empfindsamen
Fleischermeisters**
dtv 25034
**Drei Männer im Schnee**
Eine Erzählung
dtv 25048

Otfried Preußler:
**Krabat**
Roman
dtv 25087

J. R. R. Tolkien:
**Der kleine Hobbit**
dtv 25051

# Auto-biographisches im dtv großdruck

**Ilse Gräfin von Bredow:**
**Kartoffeln mit Stippe**

Ilse Gräfin von Bredow:
**Kartoffeln mit Stippe**
Eine Kindheit in der
märkischen Heide
dtv 25081

Ernst Heimeran:
**Der Vater und sein
erstes Kind**
dtv 25063
**Grundstück gesucht**
dtv 25066

Ruth Klüger:
**weiter leben**
**Eine Jugend**
dtv 25106

Hans Werner Richter:
**Reisen durch meine Zeit**
dtv 25097

Maria Simmen:
**Ich bin ganz gerne alt**
dtv 25091
**So alt und noch mitten
im Leben**
dtv 25109

Vilma Sturm:
**Alte Tage**
dtv 25049

Karl Heinrich Waggerl:
**Das Lebenshaus**
dtv 25007
**Die Pfingstreise**
dtv 25039

Anna Wimschneider:
**Herbstmilch**
Lebenserinnerungen
einer Bäuerin
dtv 25059

Carl Zuckmayer:
**Henndorfer Pastorale**
dtv 25105

# Liebes-
# geschichten
# im
# dtv großdruck

Italo Calvino:
**Wenn ein Reisender in
einer Winternacht**
dtv 25031

Max von der Grün:
**Späte Liebe**
dtv 25061

Milan Kundera:
**Die unerträgliche
Leichtigkeit des Seins**
dtv 25040

Una Troy:
**Mutter macht
Geschichten**
dtv 25003

Una Troy:
**Die Pforte zum
Himmelreich**
dtv 25052
**Läuft doch prima,
Frau Doktor!**
dtv 25078
**Ein Sack voll Gold**
dtv 25103

Mary Wesley:
**Zweite Geige**
dtv 25084

Erich Fromm:
**Die Kunst des Liebens**
dtv 25101

# Satire
# und Humor
# im
# dtv großdruck

Erich Kästner:
**Fabian**
Die Geschichte eines
Moralisten
dtv 25069

**Lach doch wieder!**
Geschichten, Anekdoten,
Gedichte und Witze
dtv 25077

Christine Nöstlinger:
**Haushaltsschnecken
leben länger**
dtv 25030
**Werter Nachwuchs**
dtv 25076

Herbert Rosendorfer:
**Briefe in die chinesische
Vergangenheit**
dtv 25044

Hans Scheibner:
**Der Weihnachtsmann
in Nöten**
dtv 25036

Erich Scheurmann:
**Der Papalagi**
Die Reden des Südsee-
häuptlings Tuiavii aus
Tiavea
dtv 25062

Friedrich Torberg:
**Die Erben der Tante
Jolesch**
dtv 25038